D1720503

MIX
Papier aus verantwortungsvollen Quellen
Paper from responsible sources
FSC® C105338

FSC
www.fsc.org

Ammar Kashkoul

Die 10 Gebote für Projektmanagement im arabischen Raum

Kulturelle Herausforderungen und Erfolgsfaktoren im arabischen Raum

Diplomica Verlag GmbH

Kashkoul, Ammar: Die 10 Gebote für Projektmanagement im arabischen Raum: Kulturelle Herausforderungen und Erfolgsfaktoren im arabischen Raum, Hamburg, Diplomica Verlag GmbH 2013

Buch-ISBN: 978-3-8428-8358-1
PDF-eBook-ISBN: 978-3-8428-3358-6
Druck/Herstellung: Diplomica® Verlag GmbH, Hamburg, 2013
Covermotiv: © freshidea – Fotolia.com

Bibliografische Information der Deutschen Nationalbibliothek:
Die Deutsche Nationalbibliothek verzeichnet diese Publikation in der Deutschen Nationalbibliografie; detaillierte bibliografische Daten sind im Internet über http://dnb.d-nb.de abrufbar.

Das Werk einschließlich aller seiner Teile ist urheberrechtlich geschützt. Jede Verwertung außerhalb der Grenzen des Urheberrechtsgesetzes ist ohne Zustimmung des Verlages unzulässig und strafbar. Dies gilt insbesondere für Vervielfältigungen, Übersetzungen, Mikroverfilmungen und die Einspeicherung und Bearbeitung in elektronischen Systemen.

Die Wiedergabe von Gebrauchsnamen, Handelsnamen, Warenbezeichnungen usw. in diesem Werk berechtigt auch ohne besondere Kennzeichnung nicht zu der Annahme, dass solche Namen im Sinne der Warenzeichen- und Markenschutz-Gesetzgebung als frei zu betrachten wären und daher von jedermann benutzt werden dürften.

Die Informationen in diesem Werk wurden mit Sorgfalt erarbeitet. Dennoch können Fehler nicht vollständig ausgeschlossen werden und die Diplomica Verlag GmbH, die Autoren oder Übersetzer übernehmen keine juristische Verantwortung oder irgendeine Haftung für evtl. verbliebene fehlerhafte Angaben und deren Folgen.

Alle Rechte vorbehalten

© Diplomica Verlag GmbH
Hermannstal 119k, 22119 Hamburg
http://www.diplomica-verlag.de, Hamburg 2013
Printed in Germany

Vorwort

„Es ist halt nicht leicht für eine österreichische Firma im arabischen Raum Fuß zu fassen" (P4).

Dies ist die Aussage meines Interviewpartners - ein österreichischer Projektmanager, der ein Projekt in Saudi Arabien geleitet hat - sie kann stimmen, darf aber meiner Meinung nach nicht verallgemeinert werden, denn um "Fuß zu fassen" braucht man unter anderem kulturelle Sensibilität und darum geht es hauptsächlich in diesem Buch. Für mich als jemanden der zwischen 2 Kulturen lebt, ein Araber der seit über 20 Jahren in Österreich ist, ist das keine große Barriere, andere müssen sich damit ernsthaft beschäftigen.

Von den Europäern habe ich manchmal die Frage gestellt bekommen – auch wenn es sarkastisch gemeint war – „Wohnen die Araber nicht immer noch in Zelten und reiten mit Kamelen herum?".

Wie kommt man mit diesen Einstellungen, auch wenn sie nur im Unterbewusstsein sind, im arabischen Raum klar?

Die andere Sichtweise schaut wie folgt aus:

Sehr gute Bekannte von mir, mit guten Verbindungen zu den Herrschern im arabischen Raum, besonders in den Golfstaaten, haben mir bestätigt, dass einige Scheichs Millionen schwere Geschäfte einfach platzen lassen, sollten sie nur das Gefühl haben, von dem Geschäftspartner beleidigt zu werden. Die Problematik besteht darin, dass die Sichtweise von Respekt und Beleidigung im arabischen Raum ein ganz anderer ist als hier in Westen Europas, wo das Geschäft eher pragmatischer abgewickelt wird. So etwas wird von den Europäern als bizarr und unlogisch bezeichnet, "aber es ist halt so"!

Dieses Büchlein ist kein Business Knigge für der arabischen Raum (auch wenn es Tipps mit den 10 Geboten enthält), sondern eine Forschungsstudie, die auf der Grundlage der theoretischen Modelle von Geert Hofstede, Alfons Trompenaars und anderen Kultur-wissenschaftlern basiert. In dieser Studie wird die Bedeutung der interkulturellen Kompetenz im internationalen Projektmanagement aus theoretischer Sicht behandelt. Mit Experteninterviews als Mittel der qualitativen Forschung wurden die Herausforderungen, mit denen mitteleuropäische Projektmanager im arabischen Raum konfrontiert werden, aufgezeigt. Es wurde hinterfragt, welchen Einfluss diese kulturellen Unterschiede auf die Arbeit von Projektmanagern haben bzw. welche Erfahrungen diese in der jeweiligen Region gemacht haben und welche Erfolgsfaktoren sie für internationales Projektmanagement im arabischen Raum definieren können. Untersucht wurden auch die Aspekte der kulturellen Unterschiede in Bereichen wie Pünktlichkeit, Effizienz, Hierarchie, Führungsstile und die Sprache. Die befragten Projektmanager bestätigen, dass es in diesem Bereich Unterschiede gibt. Diese können ihrer Ansicht nach herausfordernd sein und man begegnet ihnen am besten mit Respekt, Offenheit und Beziehungsorientierung.

Wien, 2012

Mohammad Ammar Kashkoul

http://www.pmiar.at

Inhaltsverzeichnis

Abbildungsverzeichnis

Tabellenverzeichnis

Abkürzungsverzeichnis

Abb.	Abbildung
B	barrel(s)
b/d	barrels per day
bzw.	Beziehungsweise
cu m	cubic metres
GCC	Gulf Cooperation Council
m b	million barrels
V.A.E.	Vereinigte Arabische Emirate
vgl.	Vergleiche
vs.	Versus
z.T.	zum Teil

1 Einleitung

Der arabische Raum war während der letzten 50 Jahre konstant in den Medien präsent. Das hat dieser Region aber nicht nur ihrer geostrategischen Lage, sondern auch dem schwarzen Gold und andere Bodenschätze zu verdanken. In den vergangenen Jahren hat der arabische Raum, insbesondere durch politische Instabilität in Folge des Transformationsprozesses, welcher mit dem arabischen Frühling begonnen hat, wieder auf sich aufmerksam gemacht.

Diese politische Instabilität könnte in den vergangenen Jahren viele Unternehmen davon abgehalten haben in dieser Region zu investieren, obwohl ein Land wie Österreich, das über ausgezeichnete Beziehungen in dieser Region verfügt, eine größere Rolle spielen könnte:

„[…] ein großer Vorteil für das Verhältnis zwischen Syrien und Österreich ist die Tatsache, dass Österreich nie als Kolonialmacht im Nahen Osten aufgetreten ist und es dadurch kein Spannungsverhältnis gibt".[1]

Diese Aussage trifft nicht nur auf Syrien, sondern auf den gesamten arabischen Raum zu.

Der arabische Raum verfügt über Ressourcen wie wahrscheinlich keine andere Region der Welt und hat ein enormes Entwicklungspotential. So verfügt diese Region, laut OPEC Statistik, über 48.45% der Erdölressourcen und mehr als ein Viertel aller Erdgasreserven (27.54%) der Erde.[2] Der arabische Raum bedeckt rund 6% des gesamten Festlandes und ca. 5% der gesamten Bevölkerung leben in dieser Region. Die durchschnittliche Zuwachsrate wurde für das Jahr 2012 mit 1,65% geschätzt und beträgt daher ein Vielfaches des Zuwachses in Mittel- und Westeuropa: 0.28% .[3]

Die sehr hohe Anzahl der Jugendlichen unter 30 Jahre ist ein Merkmal dieser Region. Darüber hinaus zeichnen sich die meisten arabischen Länder durch eine relativ gute Infrastruktur aus.

---

[1] Bartels, G. 2011, S. 104, Relative Kulturstandards zwischen Österreich und Syrien, (Diplomarbeit), WU-Wien.
[2] OPEC Statistik 2010/2011, OPEC.ORG - ASB2010_2011.pdf
[3] census.gov

Dieses Buch widmet sich der Frage, ob Unternehmen, neben der politischen Instabilität, in der Umsetzung auch mit anderen Problemen ihrer Projekte konfrontiert werden. Die konkreten Fragen lauten: Welchen Herausforderungen begegnen mitteleuropäische Projektmanager in dieser Region? Wie beeinflussen interkulturelle Unterschiede ihre Arbeit? Was sind die Erfolgsfaktoren und welche Erfahrungen haben sie dort gemacht?

Es geht dabei um Projektmanager, die ihre Projekte selbst im Ausland durchführen mussten. Die Herausforderungen und Erfolgsfaktoren sind daher nicht nur projektmanagementspezifisch, sondern umfassen auch Fragen, die sich auf die Umgebung und das alltäglichen Lebens beziehen.

In dieser Untersuchung geht es primär um den Faktor Mensch. Projektmanagement wird zwar immer mehr als ein Tool gesehen, das man verwendet, um Projekte zu planen und zu kontrollieren, aber bei internationalen Projekten geht es aber vor allem auch um den menschlichen Faktor und um interkulturelle Kompetenz. Dies erfordert aber auch die Kulturstandards des jeweiligen Landes zu verstehen.

Obwohl sich diese Untersuchung mit den Besonderheiten des Projektmanagements im arabischen Raum auseinandersetzt, ist das Hintergrundwissen über die geschichtliche Entwicklung und die kulturellen Besonderheiten dieser Region für Projektmanager sehr wichtig. Dazu gehören auch das Verständnis und die Akzeptanz für die Religion, die dort vorherrscht. Der Islam prägt das Leben der dort ansässigen Menschen genauso wie das Christentum. Auf den Islam wird in diesem Buch in Hinblick auf dessen Einfluss auf die Arbeit von Projektmanagern eingegangen.

1.1 Forschungsfrage

Die vorliegende Untersuchung setzt sich mit nachstehenden Forschungsfragen auseinander:

- Welchen Herausforderungen begegnen mitteleuropäische Projektmanager im arabischen Raum?
- Wie beeinflussen kulturelle Unterschiede die Arbeit?
- Was sind die Erfolgsfaktoren und welche Erfahrungen haben sie dort gemacht?

1.2 Aufbau der Untersuchung

Die Untersuchung lässt sich in vier Teile gliedern.

Im ersten Kapitel wird der Bedeutung kultureller Unterschiede, interkulturelle Kompetenz aufgezeigt und der Rolle der interkulturellen Kommunikation nachgegangen.

Im zweiten Teil werden sowohl die Interviewpartner vorgestellt als auch die Interview- und Auswertungsmethode beschrieben.

Im dritten Teil sind die aus der empirischen Untersuchung gewonnen Kenntnisse angeführt. Die Schlussfolgerung und Empfehlungen werden im vierten Teil beschreiben.

Für die gesamte Untersuchung gilt:

In der vorliegenden Untersuchung wird der Begriff „Projektmanager" geschlechtsneutral verwendet.

2 Merkmale des arabischen Raums

2.1 Ein Überblick

Der arabische Raum umfasst etwa sechs Prozent des gesamten Festlandes und erstreckt sich von Marokko an der Atlantikküste bis zu den Staaten am arabischen Golf.

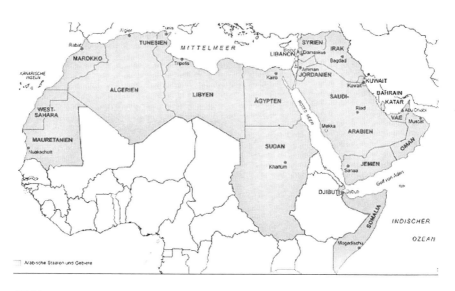

Abbildung 1, Land Karte des arabischen Raums, http://explow.com/arabische

Man unterscheidet die arabischen Länder zum einen durch ihre geografische Lage und zum anderen durch ihre historischen Beziehungen. Dahingehend lassen sie sich in folgende vier Gruppen unterteilen:

Golfstaaten: Diese Staaten kennzeichnen sich vor allem dadurch, dass sie auf der arabischen Halbinsel liegen. Zu den Golfstaaten zählen Saudi Arabien, Kuwait, Bahrain, Katar, V.A. Emirate, Oman sowie der Jemen, auch wenn dieser kein Mitglied des GCC (Gulf Cooperation Council, zu Deutsch: Golfkooperationsrat) ist. Mit Ausnahme des

Jemens verfügen diese Staaten über die größten Energieressourcen und gelten daher als die finanzkräftigsten Länder der arabischen Welt.

Al-Sham: Unter dem arabischen Namen für Damaskus werden die Länder Syrien, Irak, Libanon, Jordanien, und Palästina als eine Gruppe geführt und unter dem Begriff "Belad Al-sham" (bzw. Al-sham Staaten) zusammengefasst. Mit Ausnahme des Iraks und einem Teilen im Nordosten Syriens verfügt diese Region kaum über Energieressourcen.

Die Nil-Region: Die Nilregion umfasst Ägypten und den nördlichen Teils des Sudan. Diese Region ist durch die historisch-wirtschaftliche Bedeutung des Nils geprägt.

Al-Maghreb: Die Staaten Libyen, Tunesien, Algerien, Marokko und Mauretanien werden als Maghrebstaaten zusammengefasst. Einige dieser Staaten gelten als Touristenattraktion.

Des Weiteren werden Somalia, Djibouti und die Komoren zu den arabischen Ländern gezählt.[4]

---

[4] vgl. arableagueonline.org

Land	Bevölkerung	Fläche/ km²
Algerien	37.367,23	2.381,74
Bahrain	1.248,35	0.760
Ägypten	83.688,16	0.995,45
Dschibuti	0.774,389	0.023,18
Irak	31.129,23	0.437,367
Jordanien	6.508,89	0.088,802
Komoren	0.737,284	0.002,235
Kuwait	2.646,31	0.017,818
Libanon	4.140,29	0.010,23
Libyen	5.613,38	1.759,54
Marokko	32.309,24	0.446,3
Mauretanien	3.359,19	1.030,70
Oman	3.090,15	0.309,5
Katar	1.951,59	0.011,586
Palästina	4.332.80	0.005,64
(Nord) Sudan	34.206,71	1.861,48
Saudi Arabien	26.534,50	2.149,69
Somalien	10.085,64	0.627,337
Syrien	22.530,75	0.183,63
Tunesien	10.732,90	0.155,36
V.A.E	5.314,32	0.083,6
Yemen	24.771,81	0.527,968
Summe	**347.228,62**	**9.183,16**
Gesamte Welt	7.037.062,184	149.430.000
Arab vs. Welt	4,934%	6,1%

Tabelle 1, Bevölkerung und Fläche des arabischen Raums, Eigenerstellung nach
http://www.census.gov/population/international/data/idb/region.php

Trotz der großen Fläche des arabischen Raumes kann man von einer gemeinsamen arabischen Kultur sprechen. Abweichungen und Unterschiede gibt es vor allem zwischen den vier Gruppen.

2.2 Erdöl und Gas Statistik

Nach Angaben der OPEC befindet sich knapp die Hälfte der Erdölressourcen (48.45%) und mehr als ein Viertel aller Erdgasreserven (27.54%) im arabischen Raum (siehe Erdöl und Gas / Produktion und Reserven - OPEC Statistik 2010/2011, OPEC.ORG - ASB2010_2011.pdf).

	Produktion/ 2010		Reserve/ 2010	
Land	Erdöl (1.000 b/d)	Gas (million s. cu m)	Erdöl (m b)	Gas (billion s. cu m)
Sudan	-	-	6,7	-
Tunesien	0.078,8	3,83	-	-
Bahrain	0.180,2	12,91	-	-
Syrien	0.386,0	8,94	2,5	-
Ägypten	0.534,1	61,33	4,0	2,185
Katar	0.733,4	96,335	25,382	25,201
Oman	0.758,3	27,1	5,5	0,61
Algerien	1.189,80	83,9	12,2	4,504
Libyen	1.486,60	16,814	47,097	1,495
Kuwait	2.312,10	11,9	101,5	1,784
V.A.E	2.323,80	51,282	97,8	6,091
Irak	2.358,10	1,303	143,1	3,158
Saudi Arabien	8.165,60	87,66	264,516	8,016
Total arabische Länder	17.836,0	463,304	710,695	53,044
Total Weltweit	69.744,9	3.226,032	1.467,012	192,549
Arabische Länder vs. Welt	25,57%	14,36%	48,45%	27,54%

Tabelle 2, Erdöl und Gas Statistik, Eigenerstellung nach (OPEC.ORG - ASB2010_2011.pdf)

2.3 Die Sprache: Arabisch

Arabisch ist die offizielle Sprache der arabischen Welt und wird von über 240 Millionen Menschen gesprochen. Neben Arabisch kommen auch andere Sprachen vor wie z.B. Assyrische, Aramäisch, Kurdisch und Berberisch.

Als gemeinsames sprachliches Fundament dient „das Hocharabische (fusha), welches als Schrift- und Mediensprache verwendet wird. Im Alltagsleben, wird allerdings über lokal unterschiedliche Dialekte kommuniziert".[5]

Innerhalb der jeweiligen Ländergruppen sind die Dialekte ähnlich. So haben etwa die einzelnen Golfstatten einen fast identischen Dialekt. Diese differenzieren sich jedoch immer stärker je weiter man sich in die Richtung der Al-Maghreb Staaten bewegt, wo der Dialekt eine Mischung aus dem Arabischen, dem Französischen und - in einigen Gebieten - auch aus Berbersprachen ist.

---

[5] vgl. Jammal, E. & Schwegler, U. 2007, S. 130. Interkulturelle Kompetenz im Umgang mit arabischen Geschäftspartnern, Bielefeld : Transcript-Verl.

Die Aussprache der arabischen Sprache ist auch phonetisch gesehen eine Besonderheit, da in keiner Sprache so viele unterschiedliche Stellen im Mund- und Rachenraum in Anspruch genommen werden: beispielsweise bei Kehl- oder Zäpfchenlauten.

Auch wenn die Sprache für Europäer nicht einfach zu erlernen ist, ist es dennoch – gerade für Projektmanager – empfehlenswert sich der Herausforderung zu stellen und sich mit der arabischen Sprache vertraut zu machen. Auch der Kulturwissenschaftler Hofstede bestätigt, dass Sprachkenntnisse die Anpassung an die fremde Kultur erleichtern können. „Wer die Sprache nicht kennt, wird von der Feinheiten einer Kultur vieles nicht mitbekommen und bleibt notgedrungen ein relativer Außenseiter".[6]

2.4 Die Religionen

Über 1,5 Milliarden Menschen gehören dem islamischen Glauben an. Wenngleich der Islam seinen Ausgangpunkt in der arabischen Halbinsel hat, befindet sich Mehrheit der Muslimen heute bereits außerhalb des arabischen Raums

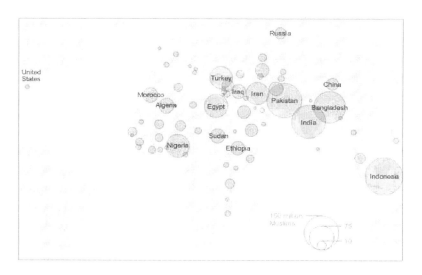

Abbildung 2, Verteilung der Muslime, Quelle,
http://www.pewforum.org/newassets/images/reports/Muslimpopulation/Muslimpopulation.pdf

---

[6] Hofstede, G. 2011, S. 428. Lokales Denken, globales Handeln (5. Aufl.). München: dtv

Umgekehrt gibt es im arabischen Raum auch andere Religionen als den Islam, wie etwa christliche und jüdische Minoritäten. **Daher sind Muslime nicht gleichzusetzen mit Araber bzw. Araber nicht immer Muslime!**

2.4.1 Der Islam

Die fünf Säulen des Islams umfassen den Glauben an die Einheit Allahs, das Ablegen des Bekenntnisses zu diesem Glauben, die fünf täglichen Gebete, die Wohltätigkeit gegenüber den Mitmenschen (Spenden), das Fasten während des Ramadan und die Pilgerfahrt nach Mekka.[7]

Der Islam betont seine monotheistische Ausrichtung, indem er darauf verweist, dass es nur einen Gott gibt und alles auf seiner Schöpfung beruht. Dem Islam folgend sind Mohammad und Jesus als Propheten nur ausgewählt worden, um die Menschen zu Gott zu führen.

„Wörtlich bedeutet Islam Unterwerfung, Frieden und Heil. In der meistzitierten Passage des Koran, der Basmala – Im Namen Gottes, des Barmherzigen (Ar-Rahman), des Erbarmers (Ar-Rahim), verbirgt sich in sehr knapper Form der grundlegendste Aspekt des Koran".[8]

Das islamische Recht (arab.: Sari'a) ist letztlich nichts anderes als die auf Grundlage der Interpretation des Korans erarbeitete Darstellung des besten Weges zu Gott. In der Praxis wird die Sari'a kaum in seiner reinen Form angewendet.[9]

2.4.2 Identifikation mit dem Islam

Der arabische Raum wird in erster Linie durch die besondere Bedeutung der islamischen Religion charakterisiert. Da die Identifikation mit der eigenen Religion in vielen Ländern der arabischen Welt weit stärker ist als etwa in den meisten Ländern Europas, sind Grundkenntnisse über die wesentlichen Prinzipien der islamischen Religion unumgänglich. Insbesondere die Fastengebote und Gebetszeiten können sich auf die Projektplanung und -arbeit auswirken.

---

[7] vgl. izwien.at
[8] Büyükçelebi, I. 2005, S. 4, Leben im Lichte des Islam (2 Aufl.). Mörfelden-Walldorf: Fontäne-Verl.
[9] vgl. Munir, D. A. 1990, S. 60. Der Islam III. Stuttgart; Berlin; Köln : Kohlhammer.

„Westliche Reisende werden in islamischen Ländern vor allem mit den praktischen Auswirkungen des Gebets und des Fastens konfrontiert. Sie können erleben, dass Geschäfte zur Gebetszeit geschlossen werden oder dass ihre Verhandlungspartner eine Sitzung kurz unterbrechen, um ihr Gebet, vielleicht in einem Nebenraum oder auch in einer nahen Moschee, zu verrichten".[10]

Als eine der Säulen des Islams wird die „Pflicht der fünf Gebete am Tag" von vielen Gläubigen ernst genommen. Da die fünf Gebete auch über eine höhere Priorität als geschäftliche Termine und Besprechungen werden können, kann es vorkommen, dass Geschäfte kurzfristig geschlossen oder Besprechungen unterbrochen werden. Die Gebete finden zu bestimmten Tageszeiten, abhängig vom Verlauf der Sonne, statt.

„Verrichte das Gebet von Neigen der Sonne bis zum Dunkel der Nacht, und das Lesen des Korans bei Tagesanbruch. Wahrlich, die Lesung des Korans bei Tagesanbruch ist besonders angezeigt".[11]

Darüber hinaus unterliegt die Gebetszeit täglichen Änderungen und kann, je nach Ort, variieren. So gelten etwa für den 26. Juni 2012 in der Stadt Riyad, Saudi Arabien nachstehende Zeiten:

- Morgengebet: von 3:35 Uhr bis 5:06 Uhr
- Mittagsgebet: von 11:57 Uhr bis 15:18 Uhr
- Nachmittagsgebet: von 15:18 Uhr bis 18:47 Uhr
- Abendgebet: von 18:47 Uhr bis 20:17 Uhr
- Nachtgebet: von 20:17 Uhr bis 3:36 Uhr am nächsten Tag

Am Freitag, dem islamischen Sonntag, ist es für viele Muslime üblich bereits am Vormittag in die Moschee zu gehen.[12] Findet ein geschäftliches Treffen zwischen muslimischen Managern statt, dann wird einer der Betroffenen häufig eine Pause verlangen, sofern er nicht bereits sein Gebet anderweitig durchführen konnte. Eine derartige Unterbrechung kann auch im Beisein nicht-muslimischer Manager gefordert werden. Europäische Geschäftspartner können dies durchaus als mangelndes geschäftli-

---

[10] Hecht-Elminshawi, B. & Bodrogi, K. 2004, S. 79. Muslime in Beruf und Alltag verstehen. Weinheim; Basel : Beltz Verlag
[11] Quran, 17:78
[12] vgl. Ortlieb, S. 2006, S.180. Business-Knigge für den Orient. Nürnberg: BW, Bildung und Wissen, Verl.

ches Interesse interpretieren, was zu Missverständnissen führen kann. Ein erfahrener Projektmanager kann die Gebetszeiten jedoch bereits in der Planung von Besprechungen berücksichtigen und auf diese Weise für eine positive Grundstimmung bei den islamischen Geschäftspartnern sorgen.

Auch das Fasten (Ramadan) ist ein zentrales Gebot für gläubige Muslime und kann eine Auswirkung auf das Geschäftsleben haben. Der Ramadan ist dabei nicht nur von religiöser Bedeutung, sondern ein soziales Ereignis, welches in einem dreitägigen Fest gipfelt. Anders als beispielsweise Weihnachten richtet sich der Ramadan nach dem Mondjahr und verschiebt sich jährlich um etwa elf Tage nach vorne: So begann der Ramadan in den Jahren 2010, 2011 und 2012 beispielsweise am 11. August, 01. August und 20. Juli.

Projektmanager sollten beachten, dass im Ramadan während des Tages, von Beginn des Sonnenaufganges bis Sonnenuntergang, unter anderem weder gegessen noch getrunken wird. Wenngleich dies nicht notwendigerweise das alltägliche Geschäftsleben ausschließt, ist vor allem im arabischen Raum eine Verschiebung des Tagesablaufes zu beobachten. Geschäftliche Termine finden daher oft in den Abend- und Nachtstunden statt und können bis nach Mitternacht dauern.[13]

Bei Planung von Projekten gilt es zu berücksichtigen, dass insbesondere die ersten zwei bis drei Tage des Fastens schwierig sind und daher kritische Projekttermine nach Möglichkeit nicht auf den Beginn des Fastenmonats fallen sollten. Es ist ein Zeichen von interkultureller Kompetenz, wenn bei der Planung von Projektbesprechung auf das Fasten muslimischer Projektmitarbeiter Rücksicht genommen wird. So kann etwa eine Projektbesprechung gezielt Pausen vorsehen, die es auch Nichtmuslimen ermöglicht, sich zu stärken.

2.4.3 Christentum im arabischen Raum

Neben dem Islam gibt es im arabischen Raum weitere Religionen, wobei in den Ländern Ägypten, Libanon und Syrien dem Christentum, in unterschiedlichsten Ausprägungen besondere Bedeutung zukommt.

---

[13] vgl. Rothlauf, J. 2006, S. 572. Management : mit Beispielen aus Vietnam, China, Japan, Russland und den Golfstaaten (2. Aufl.). München ; Wien : Oldenbourg

Ca. 13 Millionen Christen leben im arabischen Raum,[14] wobei diese Zahl auch Gastarbeiter in den Golfstaaten beinhaltet. In Ägypten sind die dem Christentum angehörige Kopten angesiedelt, in Libanon sind die meisten Christen Maroniten und in Syrien gehören sie der Orthodoxen Kirche.

---

[14] vgl. pewforum.org

3 Projektmanagement und wesentliche Erfolgsfaktoren

3.1 Begriffsklärungen

3.1.1 Prozesse

„Prozesse sind häufig wiederholte, eher sequentielle Verkettung von   Aktivitäten, wobei die Ausgangslage sowie das angestrebte Ergebnis   definiert und die erforderlichen Maßnahmen kategorisiert bzw. spezifiziert sind. Es bestehen nur unbedeutende Unsicherheiten in der Zielerreichung, Beispiel: Beschaffung eines Zulieferteils".[15]

3.1.2 Projekte

„Einmalige, parallele und sequentielle Vernetzung von Aktivitäten, wobei die Ausgangslage definiert, das angestrebte Ergebnis spezifiziert und erforderlichen Maßnahmen jedoch zum Teil noch völlig offen sind, so dass wesentliche Unsicherheiten in der Zielerreichung bestehen. Beispiel: Produktentwicklung".[16]

Kerzner definiert ein Projekt wie folgt: "Ein Projekt ist ein Vorhaben oder eine Aufgabe mit folgenden Merkmalen: (i) Zielvorgabe, die unbedingt erfüllt werden muss, (ii) Klar definierter Anfangs- und Endtermin, (iii) Begrenzte Finanzausstattung und (iv) Beanspruchung von Personalressourcen und Sachmitteln".[17]

3.1.3 Projekterfolg

Ein Projekt ist erfolgreich, wenn die Erwartungen des Kunden (sei es intern oder extern) im Rahmen der Zeit-, Kosten- und Qualitätsvorgaben erfüllt werden können, was aber in der Praxis kaum möglich ist. Die Erfahrung zeigt, dass sehr oft Kompromisse besonders bezüglich Zeit und/oder Kosten getroffen werden müssen, weswegen man Projekterfolg als einen Würfel sehen kann (siehe Abbildung 3), der das Zusammentreffen der entscheidenden Erfolgsfaktoren für das Projekt ausmacht.[18]

---

[15] Rattay, G. &   Patzak, G. 2008, S. 19. Projektmanagement, Leitfaden zum Management von Projekten, Projektportfolios und projektorientierten Unternehmen (5 Auflage). Wien: Linde Verlag
[16] Rattay, G. & Patzak, G. 2008, S. 19. Projektmanagement, Leitfaden zum Management von Projekten, Projektportfolios und projektorientierten Unternehmen (5 Auflage). Wien: Linde Verlag
[17] Kerzner, H. 2008, S. 22. Projektmanagement, Ein systemorientierter Ansatz zur Planung und Steuerung (2. Deutsche Auflage). Heidelberg: Mitp-Verlag
[18] vgl. Kerzner, H. 2008, S. 74. Projektmanagement, Ein systemorientierter Ansatz zur Planung und Steuerung (2. Deutsche Auflage). Heidelberg: Mitp-Verlag

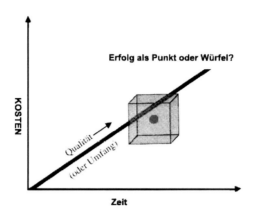

Abbildung 3, Projektmanagement, Erfolg als Punkt oder Würfel, Quelle: Kerzner, H. 2008, S. 24

3.1.4 Projektmanagement

„Projektmanagement umfasst die Planung, Organisation und Steuerung der Unternehmensressourcen in Hinblick auf ein relativ kurzfristiges Ziel, das aufgestellt wurde, um bestimmte Endziele zu erreichen".[19]

3.1.5 Internationales Projektmanagement

Internationales Projektmanagement umfasst die „üblichen Managementaufgaben bzw. – Funktionen", die im speziellen Kontext stehen, nämlich im interkulturellen Umfeld.[20]

4 Kultur

Das Verhalten von Individuen ist in der Regel durch die Kultur in der ein Mensch sozialisiert wurde, als auch in der sich ein Mensch über einen längeren Zeitraum aufhält, geprägt. In der Literatur finden wir verschiedene Erklärungen und Definitionen von Kultur.

---

[19] Kerzner, H. 2008, S. 24. Projektmanagement, Ein systemorientierter Ansatz zur Planung und Steuerung (2. Deutsche Auflage). Heidelberg: Mitp-Verlag
[20] vgl. Stähle, H. W. 1991, S. 77. Management, Eine verhaltenswissenschaftliche Perspektive, zitiert in Amanda Dominique Dunkel, Handlungswirksamkeit von Kulturstandards (2001). Dissertation, Wirtschaftsuniversität Wien

Edward Burnett Tylor definierte im Jahr 1871 in seinem Buch Primitive Culture, Kultur als das komplexe Ganze, das Wissen, Glauben, Kunst, Moral, Recht, und alle anderen Fähigkeiten und Gewohnheiten von Menschen als Teil der Gesellschaft erworben sind.

Hofstede Geert[21] definierte Kultur als: „[…] **das Buch der Regeln für das soziale Spiel, die allerdings niemals niedergeschrieben wurden, sondern die von den Teilnehmern weitergegeben werden an neue Spieler, die sie in ihrem Bewusstsein verankern"**

Trompenaars Fons meint: „Kultur ist der Weg, auf dem menschliche Gesellschaften zur Lösung von Problemen finden." [22]

Clifford Geertz[23] hingegen ist überzeugt: „Kultur ist das Muster der Sinngebung, in dessen Rahmen Menschen ihre Erfahrungen deuten und ihr Handeln lenken." Wesentlich ist, dass Kultur "erworben" bzw. "weitergegeben" wird. Sie ist nicht angeboren, sondern wird erlernt. Kulturleitet sich aus unserem sozialen Umfeld ab, nicht aus unsern Genen.[24]

Das bestätigt Keller Eugen, indem er davon ausgeht, dass Kultur erlernt und durch Symbole übermittelt wird.[25]

[21] Hofstede Geert. 2011, S. 47. Lokales Denken, globales Handeln (5. Aufl.). München: dtv
[22] vgl. Trompenaars, ez.bremen.de
[23] Clifford Geertz, ez.bremen.de
[24] vgl. Hofstede G. 2011, S. 4. Lokales Denken, globales Handeln (5. Aufl.). München: dtv
[25] vgl. 1982, S. 114f; zit. n. Rothlauf J. 2006

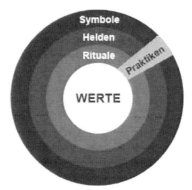

Das „Zwiebeldiagramm": Manifestation von Kultur auf verschiedenen Tiefenebenen.

Abbildung 4, Kultur, Zwiebeldiagramm Quelle: Hofstede, Geert, 2011, S. 8

Kultur manifestiert sich auf verschiedenen Ebenen: die erste Ebene ist jene der Symbole. Die Symbole sind Worte, Gesten, Bilder oder Objekte, denen eine bestimmte Bedeutung zugeordnet wird. Die zweite Ebene sind die Helden. Damit sind Personen gemeint, die - tot oder lebend, echt oder fiktiv - als Verhaltensvorbilder dienen. Die dritte Ebene ist jene der Rituale, womit kollektive Tätigkeiten innerhalb einer Kultur gemeint sind, welche als sozial notwendig gelten. Diese drei Ebenen werden auch Praktiken genannt, wozu auch die Sprache und die Religion zählen. Die tiefste Ebene ist jene der Werte. Werte sind Gefühle wie böse - gut, schmutzig - sauber, mit einer Orientierung zum Plus - oder zum Minuspol hin.[26]

Keller Eugen[27] sieht die Kultur als von Menschen geschaffen an. Für ihn ist Kultur ein Produkt kollektiven gesellschaftlichen Handelns und Denkens einzelner Menschen, welches durch Symbole übermittelt wird. Der Einzelne erlernt demnach die Kultur als Instrument zur Anpassung an die Umwelt. Durch Normen beziehungsweise Regeln wird das Verhalten gesteuert, um so Konsistenz und Integration des Einzelnen zu ermöglichen.

---

[26] vgl. Hofstede, G. 2011, S. 8f. Lokales Denken, globales Handeln (5. Aufl.). München: dtv
[27] vgl. 1982, S. 114f; zit. n. Rothlauf J. 2006

4.1 Kulturstandard und Kulturwandeln

Markowsky Richard und Thomas Alexander definieren Kulturstandard wie folgt: **„Kulturstandards sind die spezifischen Spielregeln des gesellschaftlichen Lebens in einer Kultur".**[28]

Heringers Definition von Kulturstandard ist die Ermittlung und Beschreibung von Kultur Vereinfachungen, Selektion und Standardisierung.[29]

Die Kenntnis arabischer Kulturstandards definiert Kratochwil als Erfolgsfaktor für Projekte im arabischen Raum. Da aber derartige Spielregeln von der Mehrheit eines Kollektivs als normal, selbstverständlich, typisch und daher letztlich als verbindlich angesehen werden, können diese Veränderungen nicht von Einzelnen erzwungen werden, sondern unterliegen einem Entwicklungsprozess, der regelmäßig durch äußere Faktoren zu Veränderungen innerhalb des Kollektiv führt.[30]

Für Hofstede waren drastische Veränderung von Kulturen durch Naturgewalten, militärische Eroberungen und Kräfte des Menschen möglich. Anders als erwartet war die religiöse Zugehörigkeit nicht ausschlaggebend. Der Wandel vollzieht sich dabei rascher im Bereich der Symbole oder Helden als etwa im Falle von Werten.[31] Ein gutes Beispiel hierfür sind etwa die Arabischen Emirate, die deutlich Grenzen einer (raschen) Veränderung innerhalb der Gesellschaft aufzeigen. Im Zuge der durch den Reichtum an Energieressourcen entstandenen wirtschaftlichen Entwicklung haben sich die Emirate im letzten Jahrzehnt zu einem Land entwickelt, dessen äußeres Erscheinungsbild wie kein anderes arabisches Land von Luxus und Reichtum geprägt ist. Trotz dieser Entwicklung leben die Werte der ursprünglichen Stammesgesellschaft weiter[32], insbesondere auch die Bedeutung eines islamisch geprägten Weltbildes bzw. einer islamisch geprägten Weltordnung der Beduinengesellschaft. Auch der Zerfall der während des

---

[28] Markowsky, R. & Thomas, A. 1995. Studienhalber in Deutschland. Interkulturelles Orientierungstraining für amerikanische Studenten, Schüler und Praktikanten, zitiert in Heringer, H. J. (2010, S. 182)
[29] vgl. Heringer, H. J. 2010, S. 182. Interkulturelle Kommunikation (3 Auflage). Tübingen; Basel: Francke
[30] vgl. Kratochwil, G. 2007, S. 53. Business-Knigge: Arabische Welt. Erfolgreich kommunizieren mit arabischen Geschäftspartnern. Zürich: Orell Füssli Verlag AG
[31] vgl. Hofstede, G. 2011, S. 20. Lokales Denken, globales Handeln (5. Aufl.). München: dtv
[32] vgl. Hermann, R. 2011, S. 86. Die Golfstaaten: wohin geht das neue Arabien?, München: Dt. Taschenbuch-Verl.

Kalten Krieges künstlich geschaffenen politischen Strukturen zeigt die Grenzen kultureller Veränderungsmöglichkeiten auf. Länder wie etwa die Sowjetunion oder Jugoslawien wurden zwar durch eine gemeinsame Ideologie geeint, blieben aber ohne gemeinsame Kultur und sind letztlich mit Wegfall der gemeinsamen Klammer verfallen.[33]

4.2 Kulturunterschiede/ Kulturelle Anpassung

Die Menschen neigen dazu, immer Recht haben zu wollen. Für Reinhard K Sprenger verhält sich jeder Mensch, aus der Innenperspektive heraus, immer sinnvoll[34] Die Anderen sind daher auch immer die Anderen. In diesem Sinne meint Hofstede:

„Jeder von uns schaut aus dem Fenster seines kulturellen Zuhauses in die Welt hinaus, und jeder verhält sich gerne so, als ob sich die Menschen anderer Länder durch eine landestypische Besonderheit (ein nationaler Charakter) von anderen unterscheiden, das eigene Zuhause aber das normale ist".[35]

Bei der Betrachtung von kulturellen Fragestellungen beurteilen wir daher diese häufig auf Grundlage unserer eigenen Wertvorstellungen. „Wir sehen die Welt nicht so, wie sie ist, sondern nur so wie wir sind. Es ist als betrachten wir die Welt ständig durch eine kulturelle Brille und übersehen dabei, dass sich diese Brille von jener der anderen unterscheidet".[36]

Oberstes Leitprinzip für erfolgreiches Projektmanagement in fremden Kulturen ist demnach die Erkenntnis wonach **kulturelle Ausrichtungen und Ansichten weder richtig noch falsch sind, sondern letztlich lediglich unterschiedlich verstanden werden.**[37]

Länder unterscheiden sich nicht nur in ihrer Kultur, die sichtbarsten Unterschiede liegen in den Praktiken (welche Symbole, Helden und Rituale umfassen), aber auch in der Sprache und Religion. Unsichtbare Unterschiede sind die Werte und Institutionen,

---

[33] vgl. Huntington, S. P. 1996, S. 24f. Der Kampf der Kulturen. München. Wien: Europaverlag

[34] vgl. Sprenger, R. k. 2007. Das Prinzip Selbstverantwortung, Campus Verlag, Frankfurt/Main

[35] Hofstede, G. 2011 , S. 474f. Lokales Denken, globales Handeln (5. Aufl.). München: dtv

[36] vgl. Trompenaars, F. & Woolliams, P. 2004, S. 32. Business weltweit : der Weg zum interkulturellen Management. Hamburg: Murmann

[37] vgl. Trompenaars, F. & Woolliams, P. 2004, S. 32. Business weltweit : der Weg zum interkulturellen Management. Hamburg: Murmann

welche in Regeln und Gesetzen ihren Ausdruck finden. Zwischen Völkern bilden Werte die wesentlichsten kulturellen Unterschiede.[38]

Für die Projektarbeit sind die Unterschiede in den Kulturen von besonderer Bedeutung, da diese letztlich immer wieder Ursache für Missverständnisse sind und daher zu Fehler in der Projektabwicklung führen. Diese können nicht selten unentdeckt bleiben oder mit plausibel erscheinenden Gründen erklärt werden.[39] EL-Minshawi ist der Meinung, dass diese Kulturunterschiede oft zu Fehler führen: „Fremde Wirtschaftsstrukturen sind oft verunsichernd, mangelnde Kenntnisse im Umgang mit der orientalischen Mentalität führen nicht selten zu unwiderruflichen Fehlern ".[40]

Sowohl Hofstede als auch Herbrand verweisen auf Studien, die das Scheitern von Auslandsentsendungen untersuchen und Misserfolgsraten von bis zu 40 Prozent ermittelt haben. Hofstede bezieht sich dabei auf Anne-Will Harzing.[41]

Als Indikatoren für die misslungene Entsendungen erwähnt Herbrand folgenden:

- Der Mitarbeiter bittet darum, vorzeitig zurückkehren zu können.
- Das Unternehmen holt den Mitarbeiter vorzeitig zurück.
- Die Ziele des Auslandsaufenthalts werden nicht erreicht.
- Dem Unternehmen wird Schaden zugefügt.
- Der Mitarbeiter erleidet psychische Schäden.

Daher schenkt er Berichten, dass Auslandsmitarbeiter keinerlei interkulturelle Probleme erlebt hätten, keinen Glauben und sieht dies eher als Zeichen eines mangelnden kulturellen Bewusstseins, denn so Herbrand Frank[42]: „[…] **In fremden Kulturen werden zwangsläufig Fehler begangen!**"

Trotz aller wertneutralen Auseinandersetzung mit einer fremden Kultur, ist es für zeitlich befristet eingesetzte Projektmanager oft schwer sich in diese hineinzuversetzen und deren zugrundeliegenden Werte zu erkennen. Aus diesem Grund sollen Projektma-

---

[38] vgl. Hofstede, G. 2011, S. 418. Lokales Denken, globales Handeln (5. Aufl.). München: dtv
[39] vgl. Herbrand, F. 2002, S. 36. Fit für fremde Kulturen. Bern ; Wien u.a. : Haupt
[40] Hecht-Elminshawi, B. 2007, S. 34. Wirtschaftswunder in der Wüste, - Heidelberg : Redline Wirtschaf
[41] 1995; zit. n. Hofstede, G. 2011, S. 422 bzw. Professor Rosalie Tung (1982; zit. n. Hofstede, G. 2011, S. 423).
[42] Herbrand Frank. 2002, S. 36. Fit für fremde Kulturen. Bern ; Wien u.a. : Haupt

nager einige kulturelle Feinheiten berücksichtigen. Zum Beispiel sind Humor und Witz oft eine gefährliche Falle im Umgang mit fremden Kulturen für unerfahrene Projektmanager, weil andere Kulturen oftmals auch einen anderen Sinn für Humor haben. Auch das **„Wahren des Gesichtes"** hat im asiatischen und besonders im arabischen Raum eine weit größere Bedeutung als in Europa.

Interkulturelles Verständnis beschränkt sich nicht darauf, die fremden Kulturen zu kennen oder gewisse Tabus zu berücksichtigen, sondern setzt, so Hofstede, das Verstehen der eigenen kulturellen Werte voraus. Dies ermöglicht es einem Projektmanager zwischen den Kulturen zu agieren.[43]

Personen, die sich dauerhaft oder zumindest langfristig in einem anderen Kulturraum aufhalten, passen sich dieser Kultur an, sie akkulturieren.[44] Diese Veränderung erfolgt durch eine langfristige, subtile Veränderungen der Persönlichkeit, als Folge der Auseinandersetzung mit einer fremden Kultur und wird von Moosmüller als Kulturschock definiert".[45] Kulturschock ist für Müller und Gelbrich keine Reaktion auf ein Ereignis und darf nicht als Fehlsteuerung betrachtet werden, sondern als Phase der Anpassung. um in einer Fremdkultur Erfolg zu haben.

Hinsichtlich kultureller Anpassung unterscheiden Kutschker & Schmid zwischen Enkulturation und Akkulturation. „Kultur ist einerseits erlernbar, d.h. sie existiert nicht unabhängig von komplexen Sozialisationsprozessen. Wenn Individuen eine Kultur „erlernen", so spricht man bei diesen Sozialisationsprozessen von Enkulturation, wenn Gruppen oder Organisationen eine Kultur „erlernen", so handelt es sich um Akkulturation[46]".[47]

---

[43] vgl. Hofstede, G. 2011, S. 421. Lokales Denken, globales Handeln (5. Aufl.). München: dtv
[44] vgl. Müller, S. & Gelbrich, K. 2004, S. 456. Interkulturelles Marketing. München: Vahlen
Ortlieb, S. (2006). Business-Knigge für den Orient. Nürnberg: BW, Bildung und Wissen, Verl.
[45] Mossmüller, 1996, S. 282. interkulturelle Kompetenz und interkulturelle kenntnisse, zitiert in Müller, S. & Gelbrich, K. (2004, S. 791)
[46] vgl. etwa im Fall von Akquisitionen Reineke 1989
[47] Kutschker, M. & Schmid, S. 2005, S. 668. Internationales Management (4 Aufl.). München; Wien: Oldenbourg

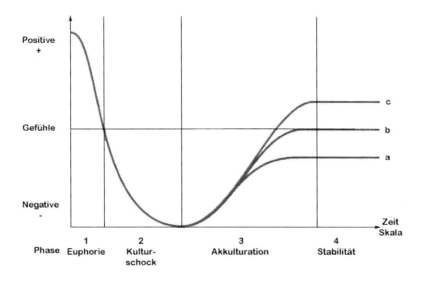

Abbildung 5, Kurve der kulturellen Anpassung, Quelle: Hofstede, G. 2011, S. 421

Hofstede beschreibt die kulturelle Anpassung, die der Fremde in seiner neuen kulturellen Umgebungen erlebt in Phasen. Er beginnt mit Phase 1, die Euphorie und Neugier auf das neue Land umfasst und normalerweise von kurzer Dauer ist. In einer zweiten Phase tritt der Kulturschock in Erscheinung. Der Fremde muss sich mit den Problemen des Alltages beschäftigen. Erst danach folgt die Akkulturation, die kulturelle Anpassung. In dieser dritten Phase lernt der Fremde die Werte der neuen Kultur kennen und beginnt diese anzunehmen. In der letzten Phase, welche Hofstede als Phase der mentalen Stabilität bezeichnet, wird deutlich, inwieweit der Fremde sich der fremden Kultur anpassen konnte oder noch immer „Fremder" ist und sich diskriminiert fühlt.[48]

Für Meckel setzt das Wissen über die Besonderheiten einer fremden Kultur nicht nur die Vermeidung stereotyper Sichtweisen voraus, sondern auch die Verhinderung von Kulturbewusstsein auf falschen Vorstellungen. Nur auf diese Weise kann auf die

---

[48] vgl. Hofstede G. 2011, S. 421. Lokales Denken, globales Handeln (5. Aufl.). München: dtv

individuellen Besonderheiten einer fremden Kultur eingegangen werden und entspre-chend angepasstes Verhalten angewendet werden.[49]

---

[49] vgl. Meckel, R. 2006, S. 275. Internationales Management, München: Vahlen

5 Zentrale Kompetenzen für die Arbeit in fremden Kulturen

5.1 Interkulturelle Kompetenz

Mauritz definiert Interkultur als: „Die Kultur einer Beziehung, die Personen oder soziale Organisationseinheiten über (nationale) Kulturgrenzen hinweg miteinander verbindet".[50]

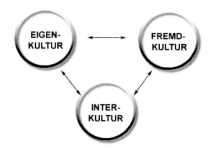

Kulturkonzepte in interkulturellen Beziehungen.

Abbildung 6, Interkulturelle Kompetenz, Kulturkonzepte in Interkulturellen Beziehungen, Quelle: Mauritz H. 1996, S. 92

Kratochwil[51] definiert die interkulturelle Kompetenz als „**Die Fähigkeit, mit Menschen aus anderen Kulturen situationsadäquat zu kommunizieren.**" Diesem Verständnis ähnelt auch die Definition von Reimer-Conrads A. & Thomas über interkulturelle Kompetenz:

„Unter interkultureller Kompetenz versteht man die notwendige Voraussetzung für eine angemessene, erfolgreiche und für alle Seiten zufriedenstellende Kommunikation, Begegnung und Kooperation zwischen Menschen aus unterschiedlichen Kulturen".[52]

---

[50] Mauritz, H. 1996, S. 96. Interkulturelle Geschäftsbeziehungen, Wiesbaden : Dt. Univ.-Verl.
[51] Kratochwil 2007, S. 52. Business-Knigge: Arabische Welt. Erfolgreich kommunizieren mit arabischen Geschäftspartnern. Zürich: Orell Füssli Verlag AG
[52] Reimer-Conrads A. & Thomas A. 2009, S. 14 f. Beruflich in den arabischen Golfstaaten. Göttingen : Vandenhoeck & Ruprecht

Interkultureller Kompetenz wird heutzutage nicht nur bei Einsätzen im Ausland benötigt. Durch die Globalisierung und einen erdumspannenden Tourismus und nicht zuletzt durch Ein- und Auswanderung, ist man heute auch in seiner Ursprungskultur mit vielen Fremden konfrontiert.[53]

In dieselbe Richtung argumentiert Mauritz[54], der das Überschreiten kultureller Grenzen als Notwendigkeit sieht.

Herbrand Frank sieht dabei kognitive, affektive und verhaltensorientierte Ziele als wesentliche Bestandteile der interkulturellen Kompetenz.

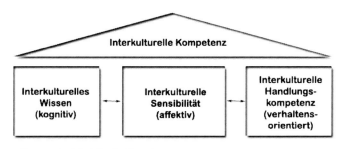

Komponenten interkultureller Kompetenz

Abbildung 7, Komponenten interkultureller Kompetenz, Quelle: Herbrand, Frank, 2002, S. 48

Der Projektmanager muss daher wissen, welche Besonderheiten in einem fremden kulturellen Umfeld zu berücksichtigen sind (kognitiv). Damit er sein eigenes Verhalten entsprechend anpassen kann (verhaltensorientiert), ist eine wertneutrale Annäherung an die fremde Kultur (affektiv) unumgänglich.[55]

---

[53] vgl. Dragman Kumbier & Friedemann Schulz von Thun, 2011, S. 11
[54] Mauritz, H. 1996, S.83. Interkulturelle Geschäftsbeziehungen, Wiesbaden : Dt. Univ.-Verl.
[55] vgl. Herbrand F. 2002, S. 48. Fit für fremde Kulturen. Bern ; Wien u.a. : Haupt

Dülfer Eberhard[56] kennt drei Voraussetzungen, um interkulturelle Kompetenz in fremden Kulturen erfolgreich zu erlangen:

- Offenheit für fremde Kulturen
- Akzeptanz fremden Verhaltens
- Eigene Verhaltensanpassung

Hecht-Elminshawi[57] ist der Meinung, dass das Erlernen interkultureller Kompetenz ein systemisches Konzept sei.

Kulturelles Bewusstsein ist wesentliche Voraussetzung für die erfolgreiche Umsetzung eines Projektes. Für Mueller S und Gelbrich K, ist kulturelles Bewusstsein die Fähigkeit, „ [...] zu erkennen und zu respektieren, dass Menschen auf eine jeweils eigene Art fühlen, denken und handeln, weil sie in unterschiedlichen Kulturen aufgewachsen sind".[58]

Einige Anhaltspunkte für interkulturelle Kompetenz wären[59]:

- Verständnis für die eigene und die fremde Kultur
- Thematisieren, Reflektieren, Erkennen und Verstehen der eigenen Kultur
- Thematisieren, Reflektieren, Erkennen und Verstehen der fremden Kultur
- Die Fähigkeit einen Sachverhalt aus mehreren Perspektiven zu betrachten.
- Die Bereitschaft, sich mit der eigenen Sichtweise kritisch auseinanderzusetzen.
- Die Bereitschaft und Fähigkeit, sich in das Denken und Fühlen anderer Menschen hineinzuversetzen.

---

[56] Dülfer Eberhard 1995, S. 473; zit. n. Rothlauf, J. 2006. internationales management in unterschiedlichen kulturbereichen
[57] vgl. Hecht-Elminshawi. 2007. S. 14. Wirtschaftswunder in der Wüste, - Heidelberg : Redline Wirtschaf
[58] vgl. Müller, S. & Gelbrich, K. 2004, S. 797. Interkulturelles Marketing. München: Vahlen
[59] vgl. world-experts.de

5.2 Interkulturelle Kommunikation

Als wesentlicher Teil der interkulturellen Kompetenz ist die Fähigkeit einer kulturange-passten Kommunikation zu sehen. **Die interkulturelle Kommunikation drückt sich nicht nur in der Körpersprache, sondern auch in der Lautstärke des Sprechens oder der Wahl der Sprache aus.**

Müller und Gelbrich[60] definieren die Sprache als ein Medium, das die Identität und Ausdruck unserer Kultur und Weltbild prägt, sie spiegelt die Werte einer Gesellschaft wieder. Hofstede ist jedoch der Meinung, dass man die Völker nicht nach ihrer Sprache in Kulturkreise aufteilen kann, weil die gemeinsame Sprache nicht unbedingt zu einer gemeinsamen Kultur führt. Die Sprache kann allerdings kulturelle Missverständnisse verursachen oder verstärken.[61]

Die Beherrschung der Sprache ist oft nicht ausreichend, um mit Geschäftspartner aus fremden Kulturen zu kommunizieren, denn bestimmte Ausdrücke, Redewendungen können in unterschiedlichen Kulturen unterschiedliche Bedeutung haben.

Missverständnisse in der Kommunikation erklärt Reinhard Meckel[62] wie folgt:

„Tieferer Grund dieses Problembereichs ist die unterschiedliche inhaltliche Deutung von Aussagen oder einzelnen Worten, die zwar wörtlich übersetzt werden können, aber in einer Kultur auch eine kontextbezogene Bedeutung haben können".

In dieselbe Richtung argumentiert Rothlauf und weist darauf hin, auf die doppelten Bedeutung mancher Begriffe und ihrer Interpretationen.[63]

Mimik und Körpersprache sind ein wichtiger Teil der interkulturellen Kommunikation. Für Projektmanager sind deren Kenntnisse von besonderer Bedeutung.

„Wer erfolgreich mit ausländischen Geschäftspartnern zusammenarbeiten will, der sollte auch die Signale, die von der „Körpersprache" ausgehen, richtig decodieren

---

[60] Müller und Gelbrich. 2004, S. 399. Interkulturelles Marketing. München: Vahlen
[61] vgl. Hofstede, G. 2011, S. 426. Lokales Denken, globales Handeln (5. Aufl.). München: dtv
[62] Meckel. R. 2006, S. 272. Internationales Management, München: Vahlen
[63] vgl. Rothlauf, J. 2006, S. 152. Interkulturelles Management : mit Beispielen aus Vietnam, China, Japan, Russland und den Golfstaaten (2. Aufl.). München ; Wien : Oldenbourg

können. Die Nichtberücksichtigung auch des kleinsten Details kann hierbei zu Fehlein-schätzungen führen, wodurch der Gastgeber sich persönlich verletzt fühlen kann ".[64]

Nicht nur nonverbale, sondern auch verbale interkulturelle Kommunikation kann manchmal missverständlich interpretiert werden. Beispielsweise kann die Lautstärke zwischen Kulturen unterschiedlich sein. Eine eigentlich in der jeweiligen Kultur übliche Kommunikationsweise kann für Fremde plötzlich aggressiv erscheinen. Europäer sind zum Beispiel aus asiatischer Sicht zu laut. Für Asiaten gilt, je wichtiger das Gesprächs-thema ist, desto ruhiger wird die Intonation. Araber und Afrikaner wiederum steigern ihre Lautstärke, wenn sie einen Sprecherwechsel einleiten wollen.[65]

Hofstede führt drei Phasen des Erlernens von interkultureller Kommunikation an, wobei Offenheit für ihn unbedingt notwendig ist. Beim Erlernen handelt es sich um einen Prozess, bei welchem man versucht von Anfang zu erkennen, dass die Anderen, welche in einem anderen Umfeld aufgewachsen sind, eben anders sind! Erst danach kommt das Wissen über die jeweils gültigen Praktiken (Symbole, Helden und Rituale) und mög-lichst auch der jeweiligen Werte. Erst zum Schluss kommt die Fertigkeit mit diesen Erkenntnissen umzugehen und diese im Umgang mit fremden Kulturen entsprechend einzubauen.[66]

---

[64] Rothlauf, J. 2006, S. 158. Interkulturelles Management : mit Beispielen aus Vietnam, China, Japan, Russland und den Golfstaaten (2. Aufl.). München ; Wien : Oldenbourg
[65] vgl. Müller, S. & Gelbrich, K. 2004, S. 409. . Interkulturelles Marketing. München: Vahlen
[66] vgl. Hofstede, G. 2011, S. 469. Lokales Denken, globales Handeln (5. Aufl.). München: dtv

6 Kulturdimensionen

Um den Vergleich von Kulturen zu erleichtern wurden von Hofstede fünf verschiedene Kulturdimensionen entwickelt. Andere Autoren wie Trompenaars haben sich wiederum mit Fragen der Kulturdimensionen auseinandergesetzt. Damit soll auch ein Vergleich unterschiedlicher Kulturen ermöglicht werden.

6.1 Kulturdimensionen nach Hofstede

Die Kulturdimensionen von Hofstede sind der Hauptbestandteil der Kulturstudien über den Einfluß von Kulturunterschieden bei interkulturellem Management.

Hofstede baut sein Modell mit Fragen nach dem Umgang fremden Kulturen mit folgenden Themen auf:

- **Machtdistanz**: Wie wird mit Macht und Ungleichheit umgegangen?

- **Kollektivismus versus Individualismus**: Steht das Individuum oder das Kollektiv im Vordergrund?

- **Maskulinität versus Feminität**: Wie sieht eine Kultur die Rolle der Geschlechter?

- **Unsicherheitsvermeidung**: Gilt es Unsicherheit zu verschleiern und kann damit offen umgegangen werden?

- Langzeitorientierung versus Kurzzeitorientierung: Steht das Hier und Jetzt im Vordergrund oder ist eine Kultur eher langfristig orientiert?

Wie nachstehende Graphik zeigt, erleichtert dies die Unterscheidung einzelner Kulturkreise.

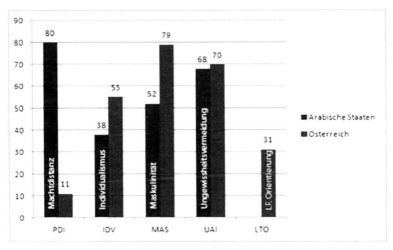

Kulturdimensionen nach Hofstede

Abbildung 8, Kulturdimensionen nach Hofstede, Quelle: http://geert-hofstede.com/arab-world-egiqkwlblysa.html

Machtdistanz (Power distance, PDI) :

Arabische Staaten 80 PDI versus Österreich 11 PDI

Im arabischen Raum fällt, vor allem im Vergleich mit Österreich, die stärkere Akzeptanz hierarchischer Strukturen auf. Mit Blick auf die Projektarbeit ergibt sich daraus die grundsätzliche Akzeptanz der Zentralisierung und klarer hierarchischer Strukturen. Vor diesem Hintergrund scheinen Projektmitarbeiter innerhalb der arabischen Region weit weniger auf die Ausgestaltung der Projektvorgaben zu drängen, als dies etwa in Österreich der Fall ist. Arabische Projektmitarbeiter scheinen daher ihre Rollenzuteilung zu akzeptieren.

Kollektivismus versus Individualismus (Individualism, IDV):

Arabische Staaten 38 IDV versus Österreich 55 IDV

Weiters zeigt die geringere Bedeutung des Individualismus (38 IDV), dass die arabische Gesellschaft das Kollektiv in den Vordergrund stellt. Die Gesellschaft erscheint weit mehr durch Rolle innerhalb der eigenen Gruppe, wie etwa der Familie oder ausgedehnten Beziehungen geprägt zu sein, als dies in Österreich der Fall ist. Daraus ergibt sich eine besondere Gewichtung der Beziehungsebene. Weiteres sollten etwaige familiäre Strukturen berücksichtigt werden, da die Loyalität der Mitglieder eines Projektteams zum eigenen Verband, insbesondere zur eigenen Gruppe, über die gesellschaftlichen Regeln und Vorschriften gestellt werden kann.

Maskulinität versus Feminität (Masculinity, MAS):

Arabische Staaten 52 MAS versus Österreich 79 MAS

Die arabische Gesellschaft ist eine im Wesentlichen maskuline Gesellschaftsordnung. Bei dieser Feststellung ist jedoch weniger die Frage der Rollenverteilung gemeint, als vielmehr die Frage wie etwa Projektmanagement verstanden wird. So erwartet man durchaus Entscheidungsstärke und Durchsetzungskraft. Bei einer auf Wettbewerb fokussierten Gesellschaft besteht grundsätzlich mehr Bereitschaft Risiko einzugehen, sowie Wille zu Leistung zu zeigen und Konflikte offen auszutragen.

Unsicherheitsvermeidung (Uncertainty avoidance, UAI)

Arabische Staaten 68 UAI versus Österreich 70 UAI

Trotz der grundsätzlichen Bereitschaft Risiko zu akzeptieren, ist die arabische Gesellschaft ähnlich wie die österreichische auch an Sicherheit interessiert. Dem Vorhandensein von Regeln, als wesentliches Kriterium für Sicherheit, kommt daher besondere Bedeutungen zu.

Langzeitorientierung versus Kurzzeitorientierung (Long term orientation , LTO)

Langzeitorientierung sieht das Streben nach künftigem Erfolg als wichtige Tugend und umfasst insbesondere Beharrlichkeit und Sparsamkeit. Das Gegenteil ist die kurzfristige Orientierung, wozu Tugenden gezählt werden, welche mit der Vergangenheit und der Gegenwart in Verbindung stehen. Insbesondere dem Respekt für Traditionen, der

Wahrung des „Gesichts" und die Erfüllung sozialer Pflichten spielen eine besondere Rolle.[67] Es gibt leider keine Daten für arabische Welt hinsichtlich dieser Dimension.

6.2 Kulturdimensionen nach Trompenaars

Trompenaars geht in seinem Modell auf Fragen des Alltagslebens detailliert ein. Dies ermöglicht es, Kulturen auch auf Ebenen, die nicht mit dem Individuum im Zusammenhang stehen, abzugrenzen. Dabei unterscheidet er folgende Ebenen.[68]

Universalität versus Pluralismus: Stehen Regeln, Codes, Werte und Normen (universalistisch) oder persönliche Beziehungen (pluralistisch) im Vordergrund?

Kollektivismus versus Individualismus: Ist für uns die Entwicklung als Individuum und damit das persönliche Glück im Vordergrund oder sehen wir uns als Teil eines Kollektivs, in welchem die Interessen der Gemeinschaft über den eigenen Interessen stehen?

Spezifisch versus Diffus: Engagieren wir uns besonders stark innerhalb des öffentlichen Lebens? Hierbei ist zu beachten, dass in spezifischen Kulturen die Wechselwirkungen zwischen Menschen deutlich definiert sind und sich die Personen auf einzelne Aufgaben fokussieren. In einer diffus orientierten Kultur steht das Gesamte im Vordergrund und die Beziehungen zwischen den Elementen sind wichtiger als einzelne Elemente.

Neutralität versus Emotionalität: Zeigen Individuen ihre Gefühle offen (Emotionale Kultur) oder ist es nicht angemessen, etwaige Gefühle offen zu zeigen (Neutrale)?

Leistung versus Herkunft: Im Vordergrund steht die Frage, inwieweit sich ein Individuum auf einen Status, der durch Geburt, Alter, Geschlecht oder Reichtum definiert ist, berufen kann oder diesen Status erarbeiten und laufend durch entsprechende Leistung erhalten muss.

---

[67] vgl. transkulturelles-portal.com
[68] vgl. transkulturelles-portal.com

Serialität versus Parallelität: Wie gehen die Individuen einer Gesellschaft mit Zeit um? Zu bedenken ist hier, dass in sequentiellen Kulturen Menschen Aufgaben primär nacheinander erledigen und in synchronen Kulturen versuchen, mehrere Aufgaben parallel zu lösen.

Interne Kontrolle versus externer Kontrolle: Sind die Individuen bestrebt die Umwelt durch entsprechendes Know-how zu steuern (interne Kontrolle) oder versuchen die Individuen im Einklang mit der Umwelt zu leben und sich so auf äußere Umstände anzupassen?

7 Kulturspezifische Besonderheiten des arabischen Raumes im Rahmen von Geschäftsbeziehungen

Beziehungs-, religions-, geschlechts- und handlungsspezifischen Fragen bilden den Kern dieser kulturellen Auseinandersetzung. Die Hauptelemente, die ein Projektmanager im arabischen Raum berücksichtigen sollte, sind dabei die im Folgenden näher beschriebenen Elemente.

7.1 Beziehungsspezifische Kulturunterschiede – Kollektives Element

Beziehungen spielen im arabischen Raum eine größere Rolle als in den meisten europäischen Ländern. Die Rolle der Familie als Basis der sozialen Absicherung prägt die arabische Gesellschaft bis in den wirtschaftlichen Alltag. Die Ansicht „Es ist dein Bruder, du musst ihn unterstützen" bildet ein zentrales Element des gesellschaftlichen Weltbildes. Geschäftsbeziehungen bauen daher nicht selten auf einem entsprechend familiären oder zumindest persönlichen Netzwerk auf.[69]

„Die arabische Kultur ist polychron und beziehungsorientiert. Wesentlich ist hier eine guter Kontakt und ein ausgeprägtes familiäres und persönliches Netzwerk auch in der Berufswelt. Bevor es zur Geschäftsverhandlung kommt, wird gerne lang und ausführlich Small Talk geführt. Der Mensch steht somit im Mittelpunkt und nicht das Geschäft".[70]

Hecht-Elminshawi[71] stellt fest, dass ein Araber das Leben als Einheit betrachtet, eine Trennung in Beruflich und Privat findet daher nicht statt. Da der Aufbau von Geschäftsbeziehungen die Schaffung einer Vertrauensbasis voraussetzt, nimmt dies mehr Zeit in Anspruch als es vielleicht in anderen Gesellschaften üblich sein mag.

Für den Projektmanager bedeutet dies, dass er sich nicht nur mit den Menschen und ihren Kulturen auseinandersetzen sollte, sondern die Beziehung mit seinen Mitarbeitern und Projektpartnern nicht ausschließlich auf die Projektumsetzung reduzieren darf.

---

[69] vgl. Kratochwil, G. 2007, S. 101
[70] Ortlieb, S. 2006, S. 165. Business-Knigge für den Orient. Nürnberg: BW, Bildung und Wissen, Verl.
[71] Hecht-Elminshawi. 2007, S. 15. Wirtschaftswunder in der Wüste, - Heidelberg : Redline Wirtschaf

7.2 Geschlechtsspezifische Kulturunterschiede – Weiblichkeit im Geschäftsalltag

Die arabische Gesellschaft gilt als besonders maskulin. Dabei wird oftmals übersehen, dass innerhalb der arabischen Gesellschaft **der Mutter** eine tragende Rolle als zentraler Stütze der Familie zugewiesen wird. Frauen wurden durch die islamische Offenbarung nicht nur mit allen Rechten ausgestattet, sondern waren im alltäglichen Leben selbst mit führenden Aufgaben vertreten.

„Der Islam ließ der Frau eine Sonderstellung zuteilwerden und ließ sie ebenso zu Rang und Würde kommen".[72]

Der Rückfall in teilweise vorislamischen Traditionen und die männlich dominierte Interpretation in der nachprophetischen Ära hat zu jenem Frauenverständnis geführt, das in manchen arabischen Ländern vorherrschend ist und daher das westliche Verständnis arabischer Gesellschaften prägt.

In den letzten zwanzig Jahren ist aber gerade in der arabischen Welt ein verstärktes ‚feministisches' Engagement zu beobachten. Vor diesem Hintergrund konnten immer mehr Frauen in vielen arabischen Ländern in den vergangen Jahren verstärkt im geschäftlichen Alltagsleben aktiv werden.

Die Fortschritte zeigen sich auch deutlich im Bereich der Bildung, wo in vielen arabischen Ländern Frauen zurzeit mehr Studienplätze einnehmen als die Männer.

7.3 Handlungsspezifische Kulturunterschiede - Pünktlichkeit – Verbindlichkeit

Trompenaars Fons & Woolliams Peter[73] verweisen auf die unterschiedliche Wahrnehmung der Zeit zwischen den Kulturen. Das was in einigen Kulturen als dringend angesehen wird, wird in anderen besser durch Geduld gelöst. **In der arabischen Kultur gelten schnelle Reaktionen als nicht weise. Differenziertes Zeitverständnis wird darüber hinaus oft auch bewusst eingesetzt, um die eigene Gelassenheit zu zeigen und Stärke zu beweisen.**

---

[72] islamweb.net
[73] Trompenaars Fons & Woolliams Peter (2004, S. 82

Rothlauf Jürgen[74] sieht keinen Ausweg für die Entstehung von Missverständnissen, wenn die Geschäftspartner unterschiedliche Zeitwahrnehmung besitzen.

Müller und Gelbrich[75] bestätigen diese Meinung: „Verabreden sich Angehörige unterschiedlichen Kulturen und sind sich dabei der Relativität ihres Zeitverständnisses nicht bewusst, so sind Konflikte unvermeidlich."

7.4 Handlungsspezifische Kulturunterschiede – Hierarchien als Führungsstil

Wie das im Kapitel Kulturdimensionen nach Hofstede angeführte Beispiel zeigt, werden hierarchische Strukturen innerhalb der arabischen Gesellschaft akzeptiert. Hierarchie hat, laut El-Minshawi, seinen Ursprung in der Familie und in den Clanstrukturen.[76]

Hierarchien sind daher im arabischen Raum verbreiteter und sorgen manchmal für eine friedliche Machtübergabe bzw. -übernahme. Unternehmen sind daher überwiegend patriarchalisch strukturiert. Entscheidungen werden nach dem „Top-Down Prinzip" getroffen. Daraus leitet sich das Verhältnis Führer-Untergebener ab, indem arabische Manager die Entscheidungsfindung als ihre exklusive Aufgabe ansehen und nachgeordnete Einheiten dieser unwidersprochen zu folgen haben.[77]

In Familienunternehmen, in denen der Familienvater an der Spitze steht und als Geschäftsführer fungiert, haben auch die weiteren Familienmitglieder eigene Funktionen. Die Nachfolge geht im Regelfall auf den ältesten Sohn, der meist im Unternehmen selbst tätig ist, über. Innerhalb der Golfstaaten finden sich klare hierarchische Strukturen, die autoritär ausgestaltet sind und die sich durch das oftmals **unreflektierte Übernehmen westlicher Managementtheorien herausgebildet haben**. Diese hierarchischen Strukturen finden ihre Wurzel weder innerhalb des islamischen Weltbildes, welche letztlich Beratung als wesentliche Charaktereigenschaft ansieht,[78] noch innerhalb der Clanstrukturen, in welchen der Herr eines Volkes entsprechend eines alten

---

[74] Rothlauf Jürgen. 2006, S. 155. Interkulturelles Management : mit Beispielen aus Vietnam, China, Japan, Russland und den Golfstaaten (2. Aufl.). München ; Wien : Oldenbourg
[75] Müller und Gelbrich. 2004, S. 449. Interkulturelles Marketing. München: Vahlen
[76] vgl. Hecht-Elminshawi B. 2007, S. 15. Wirtschaftswunder in der Wüste, - Heidelberg : Redline Wirtschaf
[77] vgl. Macharzina, K. 1992, S. 766. Internationalisierung und Organisation. in Zeitschrift für Organisation und Führung (1992), zitiert in Rothlauf, J. (2006)
[78] vgl. Quran 42:38 und 49:13

Sprichwortes auch deren Diener ist und Entscheidungen im Konsens getroffen werden. Diesbezüglich verweist auch Abed Alaziz abou-Nabaa[79] auf den Umstand der unreflektierten Übernahme von Managementkonzepte westlicher Wissenschaftler.

---

[79] vgl. http://iefpedia.com/arab/?p=15987

8 Erhebungs- und Auswertungsmethode

Die empirische Studie dieser Untersuchung basiert auf einem teilstrukturierten Leitfaden für Experteninterviews. Angesichts der Komplexität des Themas „Kulturelle Herausforderungen und Erfolgsfaktoren" wurde diese qualitative Forschungsmethode ausgewählt, da sie es ermöglich die Erfahrung von Projektmanagern am besten zu erfassen. Im Zuge der qualitativen Interviews ist es dem Interviewer auch möglich, spontan auf Antworten des Interviewpartners zu reagieren und gegebenenfalls auch nachzufragen.

Als Experten werden definiert, die über ein für diese Arbeit relevantes Wissen verfügen und dazu beitragen können, das Forschungsthema breiter zu erfassen. In diesem Sinne lassen sich Experten als eine Funktionselite definieren, die über entsprechendes Fachwissen verfügen.[80]

8.1 Leitfragen

Leitfragen sind ein Bindeglied zwischen den theoretischen Vorüberlegungen und qualitativen Erhebungsmethoden. Sie sind auf das Untersuchungsfeld gerichtet und versuchen, die Informationen zu benennen, die erhoben werden müssen. Leitfragen charakterisieren das Wissen, das beschafft werden muss, um Forschungsfrage zu beantworten. Es handelt sich typischerweise um Merkmale von Individuen, Gruppen, Organisationen etc. Leitfragen sind in zweierlei Hinsicht wichtig: vor allem für das Entwerfen von Erhebungsmethoden und als Handlungsanleitung bei der Datenerhebung.

Dabei bestehen die Leitfragen typischerweise aus folgenden Elementen[81]:

- Welche Prozesse und Situationen müssen rekonstruiert werden?

- Welche Akteure sind an diesen Prozessen beteiligt?

- Welche Ziele und Interessen verfolgen diese Akteure?

---

[80] vgl. Gläser, J. & Laudel, G. , 2010, S. 12f. Experteninterviews und qualitative Inhaltsanalyse (4 Auflage), VS Verlag
[81] vgl. Gläser, J. & Laudel, G. 2010. S. 91. Experteninterviews und qualitative Inhaltsanalyse (4 Auflage), VS Verlag

- Welche Handlungen haben diese Prozesse beeinflusst?

- Welche Konflikte sind aufgetreten?

8.2 Teilstrukturiertes Leitfaden-Interview

Teilstrukturierte Interviews, die in der qualitativen Sozialforschung wohl am meisten verbreitete Interviewform, sind dadurch gekennzeichnet, dass die Forscher auf der Basis der kontraktierten Fragestellung sowie theoretischen und konzeptiven Vorüberlegungen die Themenblöcke und Fragestellungen für das Interview festlegen und zu einem Leitfaden verdichten. Diese Themen sollen im Interview möglichst vollständig behandelt werden. Gleichzeitig soll aber auch darauf geachtet werden, dass Offenheit für neue, im Gespräch entstehende Themen und Aspekte besteht. Das Interview ist damit durch den Leitfaden lose strukturiert und gleichzeitig flexibel gegenüber unerwarteten Wendungen[82]

Unter Berücksichtigung des Ansatzes von Zepke sehen die Leitfragen, die dieser Untersuchung zugrunde liegen wie folgt aus:

- Was hat Sie dazu veranlasst in den arabischen Raum zu gehen?
- Mit welchen Bildern, Vorstellungen, Vorurteilen oder Hoffnungen sind Sie in den arabischem Raum gegangen?
- Welchen dieser Bilder, haben sich bestätigt und welche haben sich nicht bewahrheitet?
- Was waren Ihre positiven Erlebnisse in Bezug auf die Zusammenarbeit in Projekten mit Arabern?
- Welche besonders negativen Erlebnisse haben Sie in Bezug auf die Zusammenarbeit in Projekten mit Arabern gemacht?
- Mit welchen Herausforderungen bzw. Erfolgsfaktoren waren Sie während Ihrer Arbeit im arabischen Raum konfrontiert?

---

[82] Zepke, G. 2011, S. 31. Einführung in die Qualitative Forschung

- Wie erleben Sie arabische Mentalitäten und was war anders als Sie es in Österreich gewohnt sind, beziehungsweise was war ähnlich?
- Was würden Sie von den europäischen Mentalitäten in den arabischen Raum mitnehmen, um dort etwas Positives bewirken können? Welchen arabischen Mentalitäten würden Sie aus dem arabischen Raum nach Österreich bringen wollen?
- Wie beeinflussten die interkulturelle Unterschiede Ihre Arbeit?
- Wie erlebten Sie Unterschiede hinsichtlich geschäftstypischer Themen, wie etwa der Verbindlichkeit bei Verträgen, Sprache etc.?
- Was ist Ihnen in der arabischen Kultur besonders aufgefallen?
- Worauf würden Sie besonders achten, wenn Sie ein Projekt im arabischen Raum planen? Was erschien Ihnen dabei von besonderer Wichtigkeit?
- Können Sie mir etwas über sich erzählen? Was führt dazu, dass Sie von diesem Land oder dieser Kultur, die Nase voll haben und sich fragen, warum sie sich das antuen? Wie entstehen Beziehungen im arabischen Raum?
- Wer waren Ihre Partner in arabischen Raum (Araber/Europäer)?
- Was sind Ihre Ratschläge, Tipps und Tricks für frische EU-Projektmanagers im arabischen Raum?

8.3 Auswahl der Interviewpartner

Gesucht wurde nach europäischen Projektmanagern mit Erfahrung im arabischen Raum, die in Österreich bzw. im deutschsprachigen Raum leben und für ein Experteninterview zur Verfügungen stehen.

Alle Interviewpartner waren Österreicher, die Interviews wurden daher in deutscher Sprache und als Einzelinterviews durchgeführt.

Nachstehende Tabelle soll als Überblick über die geführten Interviews dienen.

Interview nr.	Interviewten Codename	Firmen Codename	Al- ter	Ge- schlecht	Nationalität	Landepunkte
1	P1	Pa	37	M	Österreich	Emirate/Kuwait
2	P2	Pa	33	W	Österreich	Katar/Kuwait
3	P3	Pb	33	M	Österreich	Marokko
4	P4	Pb	30	M	Österreich	Saudi Arabien
5	P5	Pc	39	M	Österreich	Algerien
6	P6	Pc	39	M	Österreich	Algeri-en/Ägypten

Tabelle 3, Interviewpartner

8.4 Anmerkungen zu den geführten Interviews

P1: Ist ein männlicher, internationaler Projektmanager, Mitte 30 aus dem Bereich der Möbelindustrie, wo er seit ca. 12 Jahren tätig ist. Seit 2006 ist er als interna-tionaler Projektmanager im arabischen Raum, insbesondere in den Golfstaaten, tätig.

Das Interview hat in der Zentrale der Firma (Pa) stattgefunden und dauerte ca. 60 Minuten.

P2: Ist eine weibliche Projektmanagerin, Mitte 30 im Bereich der Möbelindustrie, wo sie eine Arbeitskollegin von „P1" ist. Sie war sowohl in Katar als auch in Kuwait tätig. Ihr Onkel leitete ein Consulting Unternehmen in England und ist seit 20 Jahren im arabischen Raum geschäftlich tätig.

Das Interview hat in der Zentrale der Firma (Pa) stattgefunden und dauerte ca. 75 Minuten.

P3: Ist ein männlicher Projektmanager, Mitte 30 aus dem Bereich der Ölindustrie. Er arbeitet seit 12 Jahren bei einer Firma, die in der Ölindustrie tätig ist. In den Interviews bezieht er sich unter anderem auf Projekte, die in Marokko umgesetzt hat. Das Interview hat in der Zentrale der Firma (Pb) stattgefunden und dauerte ca. 60 Minuten.

P4: Ist ein männlicher Projektmanager, anfangs 30 und Arbeitskollege von „P3". P4 hat ein neun Monate dauerndes Projekt in Saudi Arabien geleitet.

Das Interview hat in der Zentrale der Firma (Pb) stattgefunden und dauerte ca. 60 Minuten.

P5: Ist ein männlicher Projektmanager, Mitte 30, der seit 15 Jahren bei einer Firma beschäftigt ist, die im Beratungswesen tätig ist und sich auf Funknetzplanung spezialisiert hat. Er hat ein Projekt in Algerien geleitet und war auch in anderen Ländern des arabischen Raumes unterwegs.

Das Interview hat an einem privaten Ort stattgefunden und dauerte ca. 70 Minuten.

P6: Ist ein männlicher Projektmanager, Mitte 30. Er ist seit 12 Jahren bei derselben Firma wie „P5" beschäftigt. Er hat Projekte in Algerien und Ägypten geleitet. Sein Vater hat 13 Jahren in Saudi Arabien gearbeitet.

Das Interview hat in der Zentrale der Firma (Pc) stattgefunden und dauerte ca. 105 Minuten.

Die Interviews wurden mittels Smartphone aufgezeichnet. Die Dauer der Audioaufnahmen umfasst dabei ungefähr sieben Stunden. Die entsprechende Einwilligung der befragten Personen wurde nach einem einleitenden Smalltalk eingeholt, die Anonymität wurde für das Interview vereinbart und garantiert.

Die Transkription der Antworten wurde selektiv vorgenommen, wobei wichtige Passagen detaillierte schriftlich festgehalten wurden. Auf diese Weise wurden 79 Seiten an Datenmaterial erstellt.

8.5 Strukturierende Inhaltsanalyse

„[…] Im Zentrum steht dabei, ein Kategoriensystem zu definieren, in dem eine eindeutige Zuordnung von Textmaterial in den Kategorien immer möglich ist." [83] Nach Zepke Georg (2011) wurde eine strukturierende Inhaltsanalyse durchgeführt. Dabei wurden folgende Kategorien erstellt:

- **Bilder vom arabischen Raum**

  Sicherheit Terror und Angst, Frauenfeindlichkeit , Kein Klares Bild

- **Erlebnisse im arabischen Raum**

  Positive Erlebnisse, negative Erlebnisse, die Motivation (Wieso tue ich mir das an?)

- **Europäische Mentalität vs. Arabische Mentalität**
  Interkulturelle Unterschiede

  Kommunikation/ Sprache, die arabische Zeitwahrnehmung, Arbeitszeiten, Fatalismus, sonstige Besonderheiten der arabischen Mentalitäten

  Besonderheiten des arabischen Raums

  Eigenschaften, Gastfreundschaft, Beziehungen (Privat, Geschäftlich, Mischung), die arabische Sprache, Hierarchie und Entscheidungen

- **Erfolgsfaktoren**

  Kontakte/ Beziehungen, Tipps, sonstige Erfolgsfaktoren

- **Planung von Projekten im arabischen Raum**

- **Frauen im Business**

---

[83] Zepke, G. 2011, S. 66. Einführung in die Qualitative Forschung

9 Die Analyse

Im Folgenden werden die durch die Interviews entstandenen Kategorien beschrieben.

9.1 Bilder vom arabischen Raum

Jeder Mensch hat grundsätzlich seine eigene Sichtweise von einem Kulturraum und diese beeinflusst auch sein Handeln. Bevor daher im Rahmen der Interviews projektspezifischen Themenbereiche angesprochen wurden, wurde die Frage gestellt, welche Bilder die befragten Projektmanager über den arabischen Raum hatten, bevor sie sich beruflich mit dieser Region auseinandergesetzt haben.

9.1.1 Sicherheit, Terror und Angst

Bei die Frage, welche Bilder bzw. Vorstellungen die befragten Personen vom arabischen Raum hatten, bevor sie dorthin gegangen sind, wurde von zwei Projektmanagern auf Sicherheitsbedenken verwiesen. Die arabische Region gilt bereits seit einigen Jahren als unstabil. In Algerien herrschte beispielsweise seit 1991 eine Art Bürgerkrieg. Auch in anderen Ländern der arabischen Region kommt es immer wieder zu Anschlägen oder Einsätzen der jeweiligen Sicherheitskräfte.

„Sicherheit war ein bisschen eine Diskussion, weil ... ich meine, es gibt ja dort nach wie vor ein paar Anschläge hin und wieder. Man hat halt dort auch nur mit Leibwächtern herumfahren können" (P5).

Für den Interviewpartner P3 waren Sicherheitsfragen schon alleine dadurch im Vordergrund, da er während seiner Arbeit in Marokko mit Begleitungsschutz unterwegs war.

„Ich habe ein bisschen Angst gehabt. [...] Ja vor den normalen Bildern, die man so im Fernsehen sieht. Irgendwelche Anschläge oder ... meine erste Besichtigung z.B. hat mit einem Bombenalarm am Flughafen begonnen. Ich wurde drei Tage mit Begleitschutz zur Raffinerie transportiert und hatte ständig Leibwächter dabei" (P3).

Als sich der Bombenalarm mit dem der Interviewpartner P3 konfrontiert wurde, als falsch herausgestellt hat, haben sich auch seine Ängste als unbegründet erwiesen:

„Es war eine der erfolgreichsten und schönsten Baustellen, es war für mich wie ein Urlaub. [...] und bin dann mit meiner kurzen Hose und einem T-Shirt gegangen und habe Datteln gegessen und Nüsse" (P3).

Ein anderer Projektmanager hat sich Gedanken über die islamischen Strafgesetze in Saudi Arabien gemacht.

„In Saudi Arabien gibt es noch die Gesetzen mit Handabhacken beim Diebstall, [...], Gepäcks Kontrolle in Saudi Arabien ist immer ein Nervenkitzel, es Gibt die Horror Geschichten wo die Leute im Gefängnis landen, und es gibt viele Filme darüber, und das muß man ausblenden wenn man dorthin fährt" (P1).

Fazit:

Die instabile Situation im Nahen Osten beeinflusst die Bilder von Europäern. Zum Teil werden diese durch reale Erlebnisse untermauert, zum größten Teil handelt es sich jedoch um medial vermittelte Angsterzeugende Bilder.

9.1.2   Frauenfeindlich

Bereits vor mehr als einem Jahrzehnt prägte, insbesondere in Saudi Arabien und einigen Golfstaaten, der Schleier das Bild der „unterdrückten Frau'.

„Ich habe mich ein bisschen im Inland erkundigt und habe ein bisschen etwas noch von meinen grundsätzlich Vorstellungen ... für mich ein Einschnitt, dass eben sämtliche Frauen verhüllt in der Öffentlichkeit sind. Kein Tropfen Alkohol" (P4).

Nach neun Monaten Aufenthalt in Saudi Arabien sieht P4 dies allerdings mittlerweile anders.

„Letztendlich habe ich es mir aber im Alltag schlimmer vorgestellt bevor ich dort war, als nachher, als ich es dann erlebt habe. Weil, es ist dort auch ein schönes Leben möglich" (P4).

Im Übrigen hat die Projektmanagerin auch auf Veränderungen innerhalb der arabischen Gesellschaft verwiesen:

„Von meinem Onkel habe ich sehr viel Frauenfeindliches gehört. Aber er hat vor 20 Jahren schon im arabischen Raum gearbeitet. Und ich glaube, der arabische Raum ändert sich ja auch" (P2).

Als Frau hatte P2 den Vorteil einen „unverhüllten" Einblick in das Leben und Denken ihrer arabischen Arbeitskolleginnen zu bekommen.

*„Ich muss ehrlich sagen, ich hatte menschlich dieses Glück, hinter viele **Schleier** zu schauen. Ich war bei Partys, wo die Frauen voll verschleiert gekommen sind und man nur die Augen sieht. Und ich habe diese Frauen ablegen gesehen und ich habe mit einigen oder vielen davon gesprochen und das hat in mir so viele **Vorurteile gelöst"** (P2).*

Die Möglichkeit arabische Frauen näher kennenzulernen scheint daher für P2 das ursprüngliche Vorurteil über die „unterdrückte Frau" relativiert zu haben:

„Weil hinter diesen Schleiern ganz tolle Persönlichkeiten stecken, die sehr gebildet sind und sehr viel gereist sind" (P2).

Mit Bezug auf das scheinbar etwas weltoffenere Ägypten scheint P2 im Umgang mit „ägyptischen Männer" kritischer.

„Ich glaube, dass ein ägyptischer Mann zu einer Frau nochmal ein bisschen einen anderen Zugang hat. Eher hinunterblickend" (P2).

Fazit:

Die Frauenthematik im arabischen Raum ist eben „verschleiert". Daher wird in erster Linie nur der, der auch hinter den Schleier blicken kann, diese Thematik auch richtig verstehen können.

9.1.3 Kein Klares Bild

Abgesehen von etwaigen Sicherheitsbedenken und der Rolle der Frauen haben sich die Interviewpartner P5 und P6 schlicht von der Andersartigkeit dieser Region treiben lassen und von vorneherein auf eine Wertung verzichtet. So meint etwa P5:

„Der Nachbar ist aber eine ganz andere Welt. Deswegen, was habe ich mir dann für ein Bild über Algerien gemacht? Ich habe mir einfach gedacht, dass es anders ist" (P5).

P6 hat einiges von seinem Vater, der auf mehr als 13 Jahre Berufserfahrung in dieser Region zurückblicken kann, erzählt bekommen.

„Die Art und Weise, z.B. auch, dass eine Terminzusage ganz anders gemeint ist, als sie z.B. in Norddeutschland verstanden wird, ist einfach eine andere Lebensart und da muss man einfach akzeptieren, dass das halt anders ist" (P6).

Für P5 gilt dies im Grunde auch für Europa. Auch hier zeigen sich Unterschiede zwischen Österreich und anderen Staaten, insbesondere bei den zentral- und osteuropäischen Staaten.

„Da hat sich mein Bild schon total verändert. Übertrieben gesprochen: Das „Schöne Österreich", das gibt es ja schon nach vier Stunden Autofahrt nicht mehr" (P5).

Fazit:

Es ist zu beobachten, dass fünf Projektmanager (P1, P2, P3, P4, P5) eine „negative" Grundeinstellung hatten, wobei zwei Projektmanager ausdrücklich bestätigt haben, dass sich diese Vorurteile im Nachhinein nicht bewahrheitet hätten. P6 hatte eine „neutrale" Einstellung, verbunden mit Akzeptanz und Offenheit.

9.2 Erlebnisse im arabischen Raum

Im Zuge der Interviews wurde mit den Interviewpartnern auch die Frage nach ihren allgemeinen Erlebnissen in der arabischen Welt behandelt. Die Erlebnisse, die Personen selbst machen, beeinflussen auch die Sicht auf eine Region und die Bereitschaft zur Kommunikation.

9.2.1 Positive Erlebnisse

Die befragten Projektmanager wurden im Zuge der Interviews auch aufgefordert, ein besonderes positives Erlebnis, das sie im arabischen Raum erlebt haben, zu erzählen.

Einige Projektmanager haben diese Frage durch eine Gegenfrage relativiert. Für sie sind selbst negative Erlebnisse, wie etwa ein Bombenanschlag, *„einfach eine Lebenserfahrung gewesen" (P5)*. Wenn man daraus etwas lernt und die richtigen Konsequenzen zieht, kann diese Erfahrung aus ihrer Sicht auch als positiv gewertet werden.

Die Gesprächspartner erwähnten unterschiedliche positive Erlebnisse. Bei P2 waren die positiven Erlebnisse auf der persönlichen Ebene. Als sie bemerkte, dass sie als Europäerin bevorzugt behandelt wurde und im Gegensatz zu ihren Kollegen in Katar oftmals ein zweitägiges statt wir ihre Kolleginnen ein eintägiges Wochenende hatte, konnte P2 durchsetzen, dass auch ihre Kollegen gleich behandelt wurden. Sie empfand es als fair, dass man ihr zugehört hatte und bereit war, ein faires Umfeld in ihrem Kollegenkreis zu schaffen. P3 war im arabischen Raum beruflich sehr erfolgreich.

P4 hat eine große Erfahrung in dieser Region gemacht. P5 und P6 haben sich die Diskrepanz zwischen Österreich und Algerien näher angesehen und die daraus gezogenen Schlüsse im Nachhinein als "positive" Erfahrung definiert.

Positive Erlebnisse von P2:

„In Middle East, hatte ich das Gefühl, dass ich ich sein kann bei den arabischen Menschen. Bei den englischen Menschen musste ich wieder ein härteres, tougheres Gesicht aufsetzen" (P2).

P2 bewertet ihre Tätigkeit im arabischen Raum insgesamt sehr positiv.

„Katar und Kuwait waren meine ersten Landepunkte in Middle East. Das war schon sehr spannend, muss ich für mich ehrlich sagen" (P2).

P4 bewertet seinen Erfahrungsgewinn sehr positiv. *„Eine tolle Erfahrung, die ich eigentlich nicht missen möchte im Nachhinein. Ich bin dankbar dafür, dass ich die Chance hatte, dort eine Zeit lang zu sein"* (P4).

P3 hatte in Marokko trotz einiger großer Stolpersteine sein Projekt erfolgreich abgeschlossen:

„Da habe ich 2007 eines meiner erfolgreichsten Projekte abgewickelt. [...] Es war zwar vom Umsatz her nicht so groß, aber von der Planung und vom Aufwand her nicht ohne, weil wir das noch nie gemacht haben oder ich noch nie gemacht habe und es war sehr erfolgreich" (P3).

Auch die Bereitschaft zu einem partnerschaftlichen Umgang wird sehr positiv bewertet. So meint etwa P3:

„Ein extrem angenehmes Arbeitsklima ist, dass die Leute da unten sehr offen für Vorschläge sind und jeden guten Rat sehr gut angenommen haben" (P3).

P5 beschreibt wie „das Schlimme" Alltag werden kann. So erwähnt eine Situation, die in Österreich als lebensbedrohlich empfunden wird, aber in Algerien nach 15 Jahre Bürgerkrieg zur Normalität geworden ist:

„Auf einmal war so ein Donnergrollen. [...]ein Lokaler hat mir ganz einfach gesagt, dass sie da gerade ein paar Terroristen bekämpfen dort und dann ist so ein Hubschrauber weggeflogen. Es ist traurig, aber es war interessant. [...] Wenn bei uns da plötzlich so ein Hubschrauber fliegt und eine Rauchsäule aufsteigt, weil der gerade irgendwelche Terroristen bombardiert, dann würde jeder sofort in den Keller rennen. [...] Es ist einfach eine Lebenserfahrung gewesen. Diese Normalität, wie man damit umgeht. [...] der Lokale hat dann ganz einfach gesagt, es ist eh normal, das ist ja nix" (P5).

P6 beschreibet eine ähnliche Situation, aber weniger dramatisch.

Interessant ist auch wie unterschiedlich die Lösung eines Problems von einem Land zum andern ist.

„[...] wie in Algerien ein Autounfall abgehandelt worden ist. [...] Also, wenn das bei uns passiert, kommt vielleicht nicht sofort die Polizei. Aber man würde die Versicherungsdaten aufnehmen, den Schaden reparieren lassen und derjenige der Schuld ist, müsste dann für den Schaden aufkommen. Da war das ganz anders. Da springen beide Fahrer aus dem Auto [...] der eine beginnt zu schimpfen, daraufhin steigt beim anderen Auto auch noch der Beifahrer aus, der seinem Fahrer beim Schimpfen hilft. Nach fünf Minuten ist das alles vorbei, es steigen alle wieder ins Auto ein und es geht weiter. Keinen interessiert, dass das Auto einen Schaden hat. Für mich ist das insofern positiv, weil das eine, zwar etwas lautstarke, aber sonst völlig unspektakuläre Lösung eines Problems war" (P6).

9.2.2 Negative Erlebnisse

Die Projektmanager wurden aufgefordert, ein besonders negatives Erlebnis, das sie im arabischen Raum erlebt haben, zu erzählen.

Unabhängig von der Region erwähnen die Interviewpartner ähnliche negative Erlebnisse. So berichten P1 und P2 über Diskriminierung in den Golfstaaten, wobei besonders jene aus den armen ostasiatischen Ländern betroffen sind sowie über Schwierigkeiten bei der Einreise trotz gültiger Aufenthaltsbewilligung. Auch in Nordafrika werden Probleme mit dem Zoll erwähnt. So verweist P3 auf negative Erfahrung mit dem Zoll in Marokko und P6 auf solche in Ägypten.

„Der Zoll in Casablanca war eine Katastrophe. Ich bin eine Woche im Zoll gestanden" (P3).

„Die längste Zeit war eigentlich, den ägyptischen Zoll zufrieden zu stellen" (P6).

P1 und P2 berichten von ähnlichen negativen Erlebnissen, die sie bei der Einreise trotz Vorliegen eines Visums gemacht haben:

„Multi-exit und Single-exit-Visum. Ich wusste nicht einmal, dass es so etwas gibt auf dieser Welt! [...] Dass ich mit meinem Reisepass ein Land nicht verlassen kann, weil ich „residence" hier habe auf Single-exit-Visum, [...] also, mein Reisepass war ohne die Genehmigung vom Chef nichts mehr wert" (P2).

Für P1 bildet die Bürokratie eine Belastung:

„Das sind eher so Kleinigkeiten. Natürlich ärgert einen z.B. die Visa-Prozedur in Kuwait. [...] Aber wenn man lange unterwegs ist, lange warten muss und müde ist dann sind solche Einreiseprozeduren ... und es ist bis auf Dubai sage ich mal in jedem Land für Europäer nicht leicht. Für Österreicher zum Glück schon viel leichter als für sehr, sehr viele andere Länder" (P1).

Weit kritischer scheinen P1 bzw. P2 Rassismus und Diskriminierung in den Goldstaaten gesehen zu haben: Beide befragten Interviewpartner haben diesbezüglich ähnliche Erfahrung gemacht.

„Antirassismus! Es ist eben das, was mich so stört in erster Linie. Es ist da auch nicht jeder Mensch gleich. Ich mag diese Erhabenheit über andere Menschen nicht" (P2).

„Die Araber sind sehr freundlich den Europäern natürlich gegenüber. Aber sie sind sehr diskriminierend gegen das indische und das pakistanische Volk. [...] Wie ein türkischer Einwanderer z.B. bei uns diskriminiert wird, so passiert das leider Gottes auch im mittleren Osten mit anderen" (P1).

Die Verwendung von Französisch als internationale Geschäftssprache in den Staaten des Maghrebs wurde von P3 als eine Barriere gesehen und als negatives Erlebnis empfunden.

„Das hat mich dann auch noch ein bisschen gestört, weil bei uns Französisch als Geschäftssprache nicht so wirklich üblich ist. Englisch ist kein Problem. Ich hatte unten einen 100%igen Dolmetscher, der ist bei mir quasi wie ein Schlüssel oder ein Handy dabei gewesen und der hat für mich die ganze Kommunikation gemacht sobald ich mit Englisch nicht weiter konnte. In der Oberschicht war Englisch teilweise kein Problem" (P3).

Für P4 war auch die mangelnde Kritikfähigkeit ein Nachteil. Eine „wichtige" Person im arabischen Raum könne man nicht kritisieren, europäisches Demokratieverständnis und Meinungsfreiheit sollte man „zuhause" lassen:

„Ich darf das nicht kritisieren. Das war ein sehr negatives Erlebnis" (P4).

Aus geschäftlicher Sicht empfand P2 die Einhaltung des Fastenmonats Ramadan nachteilig:

„Meetings würde ich mit Arabern auch keine machen während des Ramadan am Nachmittag. Also Ramadan for Business – forget it" (P2).

Fazit

Sämtliche Interviewpartner konnten letztlich dem arabischen Raum Positives entnehmen, verwiesen allerdings ebenfalls auf kritische Erfahrungen. In Summe scheint aber der durch den Einsatz im Ausland gewonnene Erfahrungsgewinn für die befragten Personen überwogen zu haben.

Inwieweit etwas als positiv oder negativ empfunden wird, hängt beispielsweise für P6 wesentlich von der persönlichen Erwartungshaltung ab.

„es ist auch sehr stark davon abhängig, von welcher Erwartungshaltung ich ausgehe" (P6).

Wenn man ein Stück „Österreich" im Ausland erwartet, wird man daher viel eher mit negativen Erlebnissen konfrontiert.

9.2.3 Die Motivation/ Wieso tue ich mir das an?

Mit der in den Interviews gestellten Frage, warum man sich das „antue", wurde die Motivation der interviewten Projektmanager hinterfragt. Soll ein angehender Projektmanager eine derartige Herausforderung ausschließlich aus karrieretechnischen Gründen annehmen oder kann man von der Projektarbeit in einer fremden Kultur auch persönlich profitieren?

Für die Interviewpartnerin P2 ist die grundsätzliche Bereitschaft zur Tätigkeit in der arabischen Welt notwendig:

„Natürlich braucht man auch – um so etwas machen zu können – erst einmal die Bereitschaft, überhaupt in ein arabisches Land zu gehen" (P2).

Ausschlaggebend sei die Erfahrung, die man in einer fremden Kultur sammeln könne. So meint etwa P2:

„Man macht in einem halben Jahr, wenn man in einer ganz anderen Kultur lebt, einen menschlichen Wachstumsprozess durch, den man sonst, wenn man aus Österreich nicht weggeht, in zwei bis drei Jahren macht" (P2).

Weiters meint sie:

„Es ist einfach ein ganz anderes Wachstum, wenn man ganz alleine irgendwo ist. Das kann man mit einem Urlaub nicht vergleichen" (P2).

Der Aspekt des Erfahrungsgewinnes kann darüber hinaus auch eine soziale Komponente beinhalten. So verwies etwa der Interviewpartner P1 auf die Möglichkeit bei einer solchen Tätigkeit andere Leute kennen zu lernen:

„Warum tue ich mir das Ganze an: Natürlich will ich auch andere Leute kennen lernen und mit meiner Erfahrung habe ich einen viel größeren Hebel" (P1).

Für P6 war ferner auch die Abenteuerlust eine treibende Motivation.

„Dass ich selber die Motivation habe, [...] hat zwei Aspekte. [...]was mir durchaus in meinen Lebensrhythmus passt ist, dass man etwas intensivere und dann wieder etwas ruhigere Zeiten hat. Wenn da keines von beiden überhandnimmt, kann das sehr motivierend sein" (P6).

Hinter diesem Abenteueraspekt scheint allerdings die persönliche Herausforderung zu stehen. P4 wiederum wollte sich mit seiner Entscheidung behaupten:

„Es war nicht immer leicht, aber ich habe es auch als Abenteuer gesehen. [...] das war Action" (P4).

Wie Interviewpartner P5 hervorhebt, dürfte sich dieser Erfahrungsgewinn auch bestätigt haben.

„Mich hat es gekränkt, dass ich nicht länger unten bleiben konnte. Ich wäre gerne länger unten geblieben, wie gesagt, man lernt Sachen" (P5).

Fazit:

Sämtliche Interviewpartner sind der Ansicht, dass der Kontakt mit unterschiedlichen Kulturen ganz anders sei als die Erfahrung, die man in seiner eigenen Kultur sammeln kann. Die Bereitschaft zur Erweiterung des persönlichen und beruflichen Erfahrungshorizontes war daher wesentliche Motivation für die Projektarbeit im arabischen Raum und hat sich auch bestätigt.

9.3 Europäische Mentalität vs. Arabische Mentalität

Interkulturelle Kompetenz ist wesentlich für ein erfolgreiches Projektmanagement, wird aber stark von dem persönlichen Hintergrund der jeweiligen Beteiligten beeinflusst. (siehe Theoretischer Teil, Zentrale Kompetenzen für die Arbeit in fremden Kulturen, Interkulturelle Kompetenz)

Es wurde daher versucht mit den Interviewpartnern herauszuarbeiten, inwieweit sie Unterschiede zwischen der europäischen und arabischen Mentalität wahrgenommen haben und inwiefern diese Unterschiede ihre Projektarbeit beeinflusst haben. Zu diesem Zweck wurden folgende Fragen gestellt:

- Wie erlebten Sie arabische Mentalitäten und was empfanden Sie ganz anders als Sie in Österreich gewohnt sind bzw. was ist ähnlich?

- Was würden Sie gerne von der europäischen Mentalität in den arabischen Raum mitnehmen, damit Sie dort etwas verbessern können?

- Was würden Sie gerne von den arabischen Mentalitäten nach Österreich bringen?

Aus Gründen der besseren Übersicht wurden die Antworten auf diese Fragen in Unterkategorien geordnet

9.3.1 Interkulturelle Unterschiede

Im Vordergrund dieses Themenkomplexes stand die Frage, inwieweit interkulturelle Unterschiede wie Sprache, Zeitwahrnehmung, Arbeitszeiten und Fatalismus bestehen und die Arbeit eines Projektmanagers beeinflussen.

9.3.1.1 Kommunikation/ Sprache

Nicht nur die Sprachbarriere, sondern auch nonverbale Kommunikation, insbesondere Gesten und Mimik sind Herausforderungen, denen sich Menschen aus verschiedenen Kulturen und mit unterschiedlichen Muttersprachen, im Falle eine Kommunikation miteinander, stellen müssen. In diesem Fall sind Missverständnisse oft keine Seltenheit. Dies gilt gerade für die nonverbale Kommunikation, in der mit Feinheiten der jeweiligen Kultur operiert wird. Derartige Feinheiten haben sich häufig über Jahre hinweg automatisiert und werden oft unbewusst eingesetzt.

So verweist etwa P5 auf den Umstand womit selbst die Lautstärke bereits Ursache etwaiger Missverständnisse sein kann:

„Die Leute haben in einem Ton etwas gesagt, den man nicht gewohnt war und dadurch hat man vielleicht Angst bekommen oder sich gedacht, warum der einen jetzt so heftig anredet, obwohl er es lieb gemeint hat" (P5).

P6 hebt hervor, dass etwaige Verständigungsprobleme bereits in der Kommunikation berücksichtigt werden sollten:

„Jeder hat einen anderen kulturellen Hintergrund und man muss eben lernen oder sich aneignen sich so konkret auszudrücken, dass das Gegenüber wirklich versteht, was man meint" (P6).

Um direkte Kommunikation zu ermöglichen, werden Handelssprachen verwendet, wobei - nach P1 - die englische Sprache im arabischen Raum weit verbreitet ist und man daher, seiner Meinung nach, im Allgemeinen überall Englisch verwenden kann.

„Wenn du Englisch kannst, kannst du den arabischen Raum beliefern" (P1).

Andere Interviewpartner widersprechen der Ansicht von P1. Sie berichten auch von Sprachproblemen mit Englisch, das zwar beispielsweise in den Golfstaaten Geschäftssprache ist, aber nicht von jedem ausreichend beherrscht wird. So verweist etwa P4 auf etwaige Probleme mit dem gegebenen Sprachniveau.

„Die – „Englische Sprache" - war ein Problem. Die war wirklich ein Problem. Er konnte Englisch reden, sehr wenig Vokabular, aber lesen gar nicht" (P4).

Weiters kommt es auch sehr stark darauf an, in welcher Region ein Projektmanager tätig ist. Beispielsweise wird im Al-Maghreb, das lange Zeit unter der Kolonialherrschaft Frankreichs stand, Französisch noch immer als „internationale" Sprache verwendet:

„Geschäftssprache ist unten – „in Marokko" - normalerweise Französisch" (P3).

Das französische Sprachniveau der Araber im Al-Maghreb Raum ist sehr hoch, zumal es selbst lokale Dialekte beeinflusst hat. Französisch wird daher mitunter als Selbstverständlichkeit angesehen:

„In Algerien, [...] Alle haben mich dann z.T. mit eben schwachem Englisch darauf hingewiesen oder mir empfohlen, ich möge doch endlich Französisch lernen. Weil es dann viel einfacher wäre" (P6).

Der Interviewpartner P6 hat die Sprachbarriere mit dem Einsatz von Dolmetschern gelöst:

„In Ägypten war das natürlich anders. Da war ich mit einem ganzen Team unterwegs. [...] Dann hatte ich einen ägyptischen Dolmetscher, der in Österreich lebt. Das war eine unendliche Erleichterung, einen Ägypter als Dolmetscher zu haben, weil er einfach Lösungen für die alltäglichen Probleme findet" (P6).

Fazit:

Zusammenfassend haben sämtliche Interviewpartner in der Kommunikation ein bedeutendes Hindernis gesehen, welches durch den Einsatz von Englisch als internationale Handelssprache nur bedingt gelöst werden kann, zumal Englisch nicht im ganzen arabischen Raum als Geschäftssprache verwendet wird. Die gegenteilige Wahrnehmung durch P1, der mit Englisch kein Problem gehabt haben durfte, lässt sich dadurch erklären, dass der problemlose Einsatz von Englisch letztlich auf beiden Seiten stark von der jeweiligen Region, dem Land-Stadtgefälle, dem entsprechenden Ausbildungshintergrund sowie dem individuellen Sprachniveau abhängen dürfte. Da die Verwendung einer internationalen Handelssprache in der Regel für beide Seiten eine Fremdsprache darstellt, vermögen Zwischentöne bzw. Feinheiten mittels Englisch nur dann erfolgreich kommuniziert werden, wenn beide Gesprächspartner über ein ähnlich hohes englisches Sprachniveau verfügen.

Des Weiteren erscheint mittels einer internationalen Handelssprache das Problem einer missverständlichen nonverbalen Kommunikation nicht gelöst zu werden. Nicht nur – wie von P5 hervorgehoben – die Lautstärke, sondern auch Zeichen, Symbole und Zwischen- bzw. Fülllaute können Missverständnisse begründen. Da non-verbale Kommunikation mehr empfunden als verstanden wird, sollten sich Projektmanager gerade hier der Gefahr der missverständlichen Interpretation bewusst werden. Jegliche Reaktion auf derartiges non-verbales Verhalten sollte daher entsprechend reflektiert und falls erforderlich offen angesprochen werden.

9.3.1.2 Die arabische Zeitwahrnehmung

Alle sechs Interviewpartner verwiesen übereinstimmend auf die unterschiedliche Zeitwahrnehmung der arabischen Gesellschaft im Vergleich zur europäischen Gesellschaft. Die Befragten haben dies aber unterschiedlich empfunden

Für P1 wäre die Pünktlichkeit etwas, das man im arabischen Raum verbessern könnte:

*„ Ein großer Faktor wäre für mich **Pünktlichkeit**" (P1).*

Auch P3 ist hinsichtlich der Zeit- und Terminplanung im arabischen Raum skeptisch. Bemerkenswert ist, dass P 3 hierfür nicht eine grundsätzliche Lockerheit verantwortlich macht, sondern vielmehr die mangelnde Erfahrung den Zeitbedarf unterschiedlicher Tätigkeiten richtig einzuschätzen, als Ursache für fehlerhafte Zeit- und Terminplanung sieht:

„Das einzige von dem ich denke, dass sich hier die Leute noch überschätzen ist bei der Einschätzung von Terminen. Ich glaube, dass die zu viel in zu kurzer Zeit vorhaben. Da haben sie die Erfahrung noch nicht so" (P3).

Sowohl P5 als auch P6 scheinen für die Unpünktlichkeit mangelndes Zeitverständnis verantwortlich zu machen. Beide dürften diese Unpünktlichkeit als störend empfunden haben, wobei allerdings P5 dies durch einen Verweis darauf, wonach er ein sehr pünktlicher Mensch ist, relativiert:

„Wenn man sagt, dass man um 08:00 Uhr etwas macht und in der Früh beginnt, ist es eh schön, wenn man um 12:00 Uhr weg kommt" (P5).

P6 erklärte, warum die Araber seiner Ansicht nach eine „andere" Zeitwahrnehmung hätten:

*„Da sieht man es im Prinzip schon, die Leute sind eher in der **Gegenwart verwurzelt** und haben oft nicht ganz so konkrete **Pläne** für die Zukunft als es vielleicht in anderen Gegenden ist" (P6).*

Obwohl die Unpünktlichkeit für die Betroffenen generell ein Problem gewesen sein dürfte, relativiert insbesondere P6 die Auswirkung dieses Problems:

*„Ich bin allerdings mit der Erwartungshaltung hingegangen, dass im südlichen Raum **die Zeit eine andere Rolle spielt** als bei uns" (P6).*

Zitat:

Projektmanager im arabischen Raum müssen sich der Unpünktlichkeit der arabischen Gesellschaft stellen. Dies kann zu Problemen bei der Zeit- und Terminplanung von Projekten führen.

9.3.1.3 Arbeitszeiten

Das soziale Leben im arabischen Raum unterscheidet sich auch mit Bezug auf die Arbeitszeiten. P1 berichtet beispielsweise, dass in Kuwait die Entscheidungen nicht immer in der Firma getroffen wurden, sondern oft am Abend, außerhalb der normalen Arbeitszeiten, beim Abendessen oder beim Teetrinken und Wasserpfeife rauchen:

„Arbeitszeit ist dadurch ein bisschen länger geworden, weil man eigentlich fast jeden Abend irgendwo gemeinsam etwas unternimmt" (P1).

Auch für P6 gehört es in Ägypten einfach dazu, im Ausland länger zu arbeiten, was auch eine Art „Beschäftigung" gewesen sein dürfte.

*„Es ist ja so, wenn man selber im Ausland ist und von seiner Familie getrennt ist, hat man von in der **Früh bis spät** Zeit um zu arbeiten, weil das Einzige was es gibt ist am Abend ins Hotel zu gehen und zu schlafen. Wenn man zu Hause Frau und Kinder hat ist man auch stärker abgelenkt" (P6).*

P6 empfand es im Übrigen belastend, wenn man 6 Tage in der Woche arbeitet:

*„Ich werde nie wieder ein Projekt machen, bei dem ich in der Woche **sechs Arbeitstage** und nur einen Tag Pause habe" (P6).*

Fazit:

Es ist bemerkenswert, dass die befragten Projektmanager von längeren Arbeitszeiten berichten. Sei es letztlich kulturbedingt oder eine freiwillige Beschäftigungstherapie, Projektmanager können mitunter damit konfrontiert werden, wichtige Entscheidungen nicht während der normalen Arbeitszeit, sondern bei abendlichen Geschäftsessen besprechen zu müssen.

9.3.1.4 Fatalismus

Das mitunter leichtfertig verwendete „in schā'a llāh - So Gott will" oder „Malesh - es ist in Ordnung" wurde von zwei Interviewpartner als hinderlich empfunden und als Ausdruck einer fatalistischen Lebenseinstellung gesehen.

P5 etwa verbindet diesen Fatalismus mit Misserfolg oder Ablehnung.

„ *'in schā'a llāh', [...] „So Gott will", [...], kann man es vergessen. In Wien würde einer sagen „Na sicher". So würde ich das interpretieren, [...]bei „in schā'a llāh" ist die Wahrscheinlichkeit von 90% auf 10% geschrumpft"* (P5).

Auch P2 scheint dieselbe Erfahrung wie P5 gemacht zu haben

„ *'in sha allah', „ maybe it's gonna happen, maybe not? Ich weiß nicht, ob das generell so in der Kultur verankert ist"* (P2).

P5 wiederum verweist darauf, dass dieser Fatalismus häufig missinterpretiert und in der arabischen Gesellschaft nicht notwendigerweise negativ verwendet wird:

„*Es kann leicht sein, dass wir als Österreicher das eben so **missinterpretieren**, das ist schon möglich. Dass wir das **Schicksal negativ behaften**, aber ihr seht das neutral. Also mit „ihr" meine ich Leute aus dem arabischen Raum"* (P5, Hinweis des Autors: Die Verwendung des ihr erklärt sich daraus, dass der Fragesteller von arabischer Herkunft ist).

Auch P3 sieht diesen Fatalismus als Ausdruck des Glaubens, wonach alles seinen Weg finden würde, nicht als negativ. Vielmehr verschaffte dies nach Ansicht für P3 eine angenehme Atmosphäre:

„Die Ruhe. [...], für mich war das teilweise schwierig zu verstehen. Aber mir hat das gefallen, dass die Marokkaner einfach die Ruhe bewahren, obwohl dort ein Riesenstillstand ist. Wenn z.B. ein Moslem beten möchte, dann betet der und dann wird weiter gearbeitet. [...] Ruhe bringt ein angenehmes Arbeitsklima und man hat relativ wenig Stress. Das hat mir sehr gefallen". (P3)

*„Meine Erfahrung ist, wenn im arabischen Raum irgendetwas nicht funktioniert: **Malesh!** Man kann es nicht ändern. Es ist auch nicht gut, aber es ist halt so."* (P6)

Im Übrigen scheint sich für P6 hier die Einstellung in Österreich nicht von jener fatalistischen Einstellung im arabischen Raum zu unterscheiden.

„ 'in schā'a llāh' – wir machen das schon". Die Haltung war „Naja, schaun' wir mal. Ich werd' mich halt bemühen und wenn es nichts wird, ich kann auch nichts versprechen. [...] man kann es in Österreich auch beobachten, [...] So komplett fremd ist dieses Verhalten nicht, man erlebt es vielleicht selbst nur anders" (P6).

Fazit:

Der Fatalismus mag den arabischen Raum zwar prägen, wird aber häufig auch missverstanden. Einige Begriffe, die damit zusammenhängen werden von europäischen Projektmanagern möglicherweise falsch verstanden.

9.3.1.5 Sonstige Besonderheiten der arabischen Mentalitäten

Projektmanager können im Rahmen ihrer geschäftlichen Tätigkeit mitunter auch mit der unterschiedlichen Wahrnehmung von Reichtum und Luxus konfrontiert werden. Dies umso mehr als es in bestimmten Branchen notwendig erscheint, den Anschein finanzieller Stabilität zu erwecken. Im arabischen Raum wird Luxus mehr Bedeutung beigemessen als dies etwa in Österreich der Fall ist.

P4 hat seine Erfahrung damit so beschrieben:

„Unten ist es ja an sich eher so, dass man Größe zeigt, wenn man ein bisschen mehr **Luxus** *hat" (P4).*

Wie Reichtum bemessen wird, mag sich ebenfalls unterscheiden. Fragt man einen Araber nach der Größe seiner Wohnung wird dieser auf seine kleine 150 m² Wohnung verweisen. Viele Europäer hingegen würden auf ihre große 100 m² Wohnung verweisen.

Ein weiterer Unterschied kann mitunter die Arbeitsplatzsicherheit betreffen. Angesichts der unterschiedlichen Einstellung zum Leben, wird dieser im arabischen Raum weniger Bedeutung beigemessen als dies in europäischen Kulturkreis der Fall sein mag. P3 erzählt diesbezüglich von seiner Erfahrung in Marokko:

„Wo die noch sehr weit hinten sind, ist das Sicherheitsdenken. Für uns nicht, weil der Kunde europäische Qualität gekauft und bekommen hat. Sprich, unsere Leute waren unten von Kopf bis Fuß mit Sicherheitsanzügen, Helmen, Schuhen, Handschuhen etc. ausgestattet und so wie wir es gewohnt sind zu arbeiten Und dann arbeiten neben dir Leute mit bloßen Händen [...] in Jeans und T-Shirt [...] schaut es zwar blöd aus, komisch, aber meine Leute haben das akzeptiert und haben unten super gearbeitet" *(P3).*

Dies kann beispielsweise für Projektmanager im Anlagenbau, Baustellenbereich oder in sonstigen gefährlichen Umfeld von besonderer Bedeutung sein, da diese im Rahmen ihrer Tätigkeit bei Unfällen unter Umständen nach den für das entsendende Unternehmen geltende Qualitätsstandards gemessen werden.

Fazit:

Einige Standards im arabischen Raum unterscheiden sich von jenen in Österreich. Dazu gehört nicht nur ein unterschiedliches Verständnis von Wohlstand, sondern insbesondere auch eine abweichende Sichtweise bezüglich Arbeitsplatzsicherheit. Hier sind Standards im arabischen Raum noch verbesserungsbedürftig.

9.3.2 Besonderheiten des arabischen Raums

9.3.2.1 Allgemeine Eigenschaften:

Die Landschaft der arabischen Region wird überwiegend durch bestehende Trockenheit, Wüsten und wüstenähnliche Regionen definiert. Ein derartiges landschaftliches Umfeld scheint für europäische Projektmanager gewöhnungsbedürftig. P4 drückt etwa sein Empfinden für die Wüste so aus:

„Was mir abgehen würde ist einfach mehr oder weniger die Natur. Wüste ist zwar schön, aber schon recht eintönig" (P4).

P2 ist mit der arabischen Kultur „sehr vertraut" und hebt hervor, dass durch die mediale Betonung radikalisierender Tendenzen ein falscher Eindruck geschaffen wurde.

„Von meinem Empfinden her ist die arabische Kultur eine sehr edle und sensible Kultur. Ich glaube sehr viele religiöse Vorurteile gibt es, die durch Radikalismus und durch die Medien transportiert werden. Aber der Urtyp von arabischen Menschen ist sehr edel und sensibel" (P2).

Auch den arabischen Menschen beschreibt sie als herzlich:

*„So viel **Herzlichkeit**, wie ich sie bei arabischen Menschen wahrgenommen habe, habe ich sie in anderen Ländern schon lange nicht mehr wahrgenommen" (P2).*

Fazit:

Es gibt viele religiöse Vorurteile, die durch Radikalismus und durch die Medien transportiert werden.

9.3.2.2 Gastfreundschaft

Die Tradition der Beduinen verlangt es ihre Gäste während der ersten drei Tage, ohne nach dem Grund ihres Besuches zu fragen, willkommen zu heißen. Erst nach Ablauf dieser Frist, darf man sich nach dem „Warum" und dem „Weshalb" erkundigen.

Gastfreundschaft ist in der arabischen Kultur, unabhängig von der wirtschaftlichen Lage eines Einzelnen, noch immer stark verankert.

P5 beschreibt dies etwa in einem Beispiel und wirft zugleich die Frage auf, inwieweit ein derartiges Verhalten in Österreich möglich wäre:

*„Ein Lokaler, mit dem sind wir halt herumgefahren und der hat gesagt, dass wir jetzt bei der Schwester vorbei fahren und dass die zwei kleine Kinder hat und dann hat er gesagt „Geh, komm mit!". Und dann sind wir bei der Schwester einfach **ohne Voran-meldung** eingefallen, sind dort verköstigt worden, haben Essen und Kaffee bekommen usw. Also ... bei uns in Wien, gibt's so etwas nicht" (P5).*

P5 betont das vorherig gesagte auch mit nachstehendem weitere Zitat.

„Die Herzlichkeit ist dort in meinen Augen höher als in Österreich oder im europäischen Raum" (P5).

Auch die anderen Interviewpartner bestätigen die besondere Bedeutung der Gastfreundschaft und Herzlichkeit ihrer arabischen Gastgeber.

P1 sieht dies ähnlich wie P5. Er meinte, dass die Gastfreundschaft in Österreich rückläufig ist.

*„Aber man merkt halt schon bei uns in **Österreich**, dass die **Zäune eher höher** werden als niedriger. Jeder hat ein bisschen Angst, dass der Nachbar vielleicht doch ... oder allgemein, da könnte jemand kommen, der mir das vielleicht wegnehmen könnte" (P1).*

Auch P4 bestätigt die Großzügigkeit der arabischen Gastfreundschaft:

„Er hat mich öfters zum Essen eingeladen, sehr großzügig. Die arabische Gastfreundschaft ist bekannt, habe ich auch sehr genossen. Er hat mir eine wunderschöne Uhr geschenkt" (P4).

Fazit:

Die Araber sind sehr gastfreundlich, was den Interviewpartnern in Österreich zu fehlen scheint.

9.3.2.3 Beziehungen (Privat, Geschäftlich, Mischung)

Gerade anhand der Gastfreundschaft sieht man, wie wichtig die Beziehungsebene innerhalb der arabischen Gesellschaft ist. Dementsprechend wurde versucht zu hinterfragen wie Beziehungen im arabischen Raum überhaupt entstehen?

Wie P1 hervorhebt, dauert es im arabischen Raum einige Zeit bis Beziehungen aufgebaut werden. Diese erweisen sich dann allerdings nach seiner Erfahrung als dauerhafter.

*„Das passiert natürlich nicht von heute auf morgen und da wird natürlich auch abgetastet, wie der Mensch ist. Bei manchen habe ich es noch nicht geschafft, aber bei sehr, sehr vielen ist es z.T. eine **Freundschaft** geworden" (P1).*

Auch für P5 sind die Beziehungen anders, stärker als etwa in der europäischen Gesellschaft.

„Bei diesem Freundschaftsempfinden hatte ich schon das Gefühl, dass es ein anderes ist als bei Projekten in Deutschland, in Österreich usw. [...] Dass da eine eher größere persönliche Bindung da ist" (P5).

Für P5 sind Beziehungen daher „ehrlich".

„Automatisch. Also nicht künstlich generiert, sondern natürlich" (P5).

P4 beschreibt wie die Grenzen zwischen einer geschäftlichen und privaten Beziehung verschwimmen können.

„Er hat mich privat öfters angerufen auch, hat sich erkundigt, wie es meiner Familie geht" (P4).

Ein arabisches Sprichwort macht dies deutlich: „Wir haben zusammen Brot und Salz gegessen", das verbindet. Sogar wenn geschäftliche Beziehung mit Schwierigkeiten konfrontiert werden oder in Brüche geht, hinterlässt die alte Beziehung ihre Spuren. P4 beschreibt beispielsweise eine derartige Situation (Aus Gründen der Anonymität ist der Geschäftsführer der Firma Pb im folgenden Zitat mit XX betitelt worden.):

„Im Herzen bleibt der Herr XX für ihn – er hat mit ihm an einem Tisch gesessen und gegessen, er hat in seinem Haus gewohnt – der XX ist im Herzen immer für ihn da, aber geschäftlich will er mit ihm nichts mehr zu tun haben" (P4).

Für P5, P4 und P1 verschwimmen im arabischen Raum die Grenzen zwischen der persönlichen und der geschäftlichen Ebene.

„Die geschäftliche von der persönlichen Ebene: es ist in Arabien nicht so getrennt. Ich meine, die Mentalität unten ist vielleicht eben, das gehört irgendwie zusammen" (P4).

P1 geht sogar weiter und behauptet, dass es schwierig ist im arabischen Raum Leute zu finden, die diese zwei Ebenen trennen.

„Ansonsten ist es schwierig einen Partner zu haben, wo man rein auf beruflicher Ebene kommuniziert. Das ist nicht leicht" (P1).

P5 sieht diese Vermischung der geschäftlichen und privaten Ebene positiv:

„Dort gibt es diese familiäre Integration ja auch. Diese Einbindung, diese vielleicht Vermischung von Privatem und Beruflichem und das habe ich sehr positiv gefunden" (P5).

Fazit:

Beziehungen im arabischen Raum haben ihre eigene Dynamik. Im Vergleich zum Westen dauert es länger bis Beziehungen gedeihen, diese wachsen aber dafür schneller und gehen tiefer, sie entwickeln sich oft zu einer Freundschaft.

9.3.2.4 Die arabische Sprache

Wie bereits im theoretischen Teil erwähnt zeichnet sich die arabische Sprache durch Kehllaute aus. Daher kann die arabische Aussprache für Fremde seltsam wirken.

P5 fand die arabische Sprache „heftig bzw. aggressiv"

„Die arabische Sprache ist auch ein bisschen heftiger. Sie klingt anders, sie klingt aggressiver. Wenn zwei Leute miteinander reden, die sich lieb haben, glaubt man die schlagen sich gerade. Das Gefühl habe ich. In meinem Ohr klingt das heftiger als wenn ich Österreicher höre" (P5).

Dies kann unter Umständen zu Missverständnissen führen. Von Menschen, die mit dem arabischen Kulturraum und insbesondere dessen Sprache nicht vertraut sind, kann die arabische Kommunikation als irritierend empfunden werden.

Diese Meinung teilt P2 nicht. Auf die Frage, ob die Araber prinzipiell lauter als die Europäer sind, meint sie:

„Das sehe ich nicht so. Ich glaube, wenn sich ein Mensch wohlfühlt und in einer Gruppe ist, mit Menschen, die er kennt, ist er lauter, oder? Aber sonst würde ich das nicht so sagen. Ich glaube, das ist wieder bedingt, in welchem Rahmen man sich befindet" (P2).

Dasselbe wird allerdings von anderen Sprachen als dem Deutschen behauptet. So meinen etwa Müller und Gelbrich[84] dazu:

„Vor allem aber sollten die für englische Ohren bedrohlich lauten Stimmen nicht als feindselig gedeutet werden, selbst wenn die deutschen dabei zumeist ernst bis finster dreinschauten und mit einer ungewohnt tiefen Stimmlage sprachen. Das, was wie ein heftiger Streit klinge, sei nichts anders als eine ganz normale, möglicherweise sogar freundschaftliche Unterhaltung."

Fazit:

Die Sprache kann zu Missverständnissen in der interkulturelle Kommunikation führen. Die arabische Sprache hat ihren eigenen Klang. Für jene, die mit der arabischen Sprache bzw. mit der arabischen Kultur nicht vertraut sind, kann diese Lautstärke, die in der arabischen Kultur anders verwendet wird, irritierend sein.

9.3.2.5 Hierarchie und Entscheidungen

Das Kulturdimensionsmodell von Hofstede hebt die Bedeutung von Hierarchien als wesentliches Unterscheidungsmerkmal zwischen dem arabischen und unserem Kulturraum hervor (siehe Theoretischer Teil, Hofstede Kulturdimensionen - Machtdistanz).

Für die Auseinandersetzung mit diesem Problemkreis spielt im Übrigen das Interview mit P4 eine besondere Rolle, da die Hierarchiefrage für ihn besonders wichtig war und seiner Ansicht nach zum Scheitern seines Projekts geführt hat.

Innerhalb der arabischen Gesellschaft ist es vor allem wichtig, das Gesicht zu wahren. Dies sollte von den europäischen Projektmanagern unbedingt berücksichtigt werden.

P4 erzählte wie der arabische Geschäftspartner nach einer Kritik durch den Geschäftsführer der Firma „Pb" vor anderen reagiert hat:

---

[84] Müller und Gelbrich. 2004, S. 399. Interkulturelles Marketing. München: Vahlen

„*Was ich mittlerweile weiß, in Saudi-Arabien oder im arabischen Raum, das* **Wichtigste ist, das Gesicht des Anderen zu wahren**. *Also, ich darf doch nicht vor anderen Leuten dem einen Ratschlag oder einen Verbesserungsvorschlag unterbreiten. Das geht nicht. Da hat er auch komplett verärgert reagiert. Da hat er dann auch wieder hingehaut und hat gesagt „Aus!"*"(P4).

Und P4 beschreibt „aus seiner Sicht" wie sich der arabische Geschäftspartner dann verhalten hat:

„*Da gab es natürlich auch in der* **Mentalität Unterschiede** *[...] seine Entscheidungen alleine getroffen und war es gewohnt, für sich zu entscheiden. [...] er war für sich die hundertprozentige Macht und alles andere hat er nicht akzeptiert*" (P4).

Eng mit Hierarchiefragen verbunden ist der Respekt vor dem Alter, welches - nach Ansicht von P4 - im arabischen Raum eine größere Rolle als in Österreich spielt:

„*Einen gewissen Respekt vor dem* **Alter** *hat man halt. Ich glaube, dass das unten noch mehr ist, weil dort auch mehr* **Familienleben** *ist. Die Familie bleibt ja doch mehr zusammen als bei uns. Und ein älterer Herr oder ältere Herrschaften werden noch mehr geschätzt als bei uns wahrscheinlich*" (P4).

P2 berichtet, dass in den Golfstaaten Hierarchien auch von der jeweiligen Nationalität abhängig sind. Er empfand dieses Hierarchiedenken als besonders negativ:

„*Was mich stört, ist das hierarchische Denken und das finde ich ganz, ganz schlimm. [...], Und zwar die Wertigkeit des Menschen. ist es wahrscheinlich mit dem Koran auch nicht vereinbar. [...] Einfach wie durch die Passports, also die Reisepässe der Menschen eine Hierarchie entsteht*" (P2).

Das lehnt P2 ab:

„*Nur durch Berufe oder Ausbildungen entstehen gewisse Hierarchien, oder wo man voneinander lernt. Aber einen Menschen in eine Schublade zu stecken aufgrund seines Reisepasses und seiner Herkunft!*" (P2).

Für P2 liegt das Problem letztlich darin, dass man die menschliche Ebene unterschätzt:

*„Ich glaube, das wird im Business oft übersehen, dass es um **menschlichen Kontakt** geht" (P2).*

P6 erzählt von der Hierarchie in Ägypten

„Offensichtlich ist die Art und Weise wie ein ägyptischer Ingenieur Antennenmonteure behandelt wird ganz anders als es meiner Weltsicht entspricht. Ich habe gehört, wenn ein ägyptischer Antennenmonteur eine Messung durchführt, muss der Fahrer die ganze Messausrüstung ins Auto tragen. Dann überwacht der Ingenieur wie die Antenne montiert und eingeschaltet wird. Dann geht er hin zum PC und startet das Programm. Dann sagt er zu dem Chauffeur, er soll in diesem Gebiet jede Straße abfahren und er setzt sich ins Kaffeehaus und er soll ihn anrufen, wenn es ein Problem gibt. Das ist mir so erzählt worden. Für die war es jetzt natürlich ein neues Erlebnis, dass nämlich der Ingenieur, noch dazu ein Ausländer, ein „Wahnsinniger aus Österreich", nicht nur jeden Tag um sechs Uhr früh da steht und die Leute motiviert, der auch darauf achtet, dass die Installation richtig gemacht wird, dann selber stundenlang unterwegs ist bei Messungen, wenn es Probleme gibt, selber mithilft, die zu lösen und dann aber bis die letzte Kiste im Auto unten verpackt ist dableibt. Auch wenn es dann schon 23:00 Uhr in der Nacht ist und dann den Leuten sagt „Gute Nacht, wir sehen uns Morgen um sechs Uhr!" (P6).

P6 sieht auch aus westlicher Sicht keinen Grund für diese Hierarchie:

„Für mich ist es normal, Menschen als Menschen zu behandeln und wenn einer Antennenmonteur ist und ich der Ingenieur, das macht für mich keinen Unterschied. Ohne denjenigen, der auf den Mast raufklettert und mir die Antenne montiert, kann ich nicht arbeiten. Wir brauchen uns ja beide. [...] Ich glaube, dass es jedem Menschen gut tut, wenn man als Mensch behandelt wird und nicht von oben herab" (P6).

Fazit:

Hierarchie kann für europäische Projektmanager im arabischen Raum ein Stolperstein sein. Es geht dabei nicht nur um die Frage, ob und wie das Gesicht gewahrt wird und Alter respektiert werden kann, sondern vielmehr um die Probleme, inwieweit Hierarchien aufgrund von Nationalitäten entstehen können. Diesen Mentalitätsunterschied zu akzeptieren und im eigenen Handeln entsprechend zu berücksichtigen, stellt eine besondere Herausforderung für Projektmanager dar.

Man darf nicht vergessen, dass es schlussendlich um *"menschlichen Kontakt geht"* *(P2)*.

9.4 Erfolgsfaktoren

Mit den befragten Projektmanagern wurde versucht herauszuarbeiten, mit welchen besonderen Herausforderungen man im Zuge der Arbeit im arabischen Raum konfrontiert wird und welche Erfolgsfaktoren Projektmanager berücksichtigen sollten.

9.4.1 Respekt andern Kulturen gegenüber/ Kulturverständnis

Respekt ist im arabischen Raum sehr wichtig. Kinder werden streng danach erzogen was Respekt gegenüber den eigenen Eltern oder andern Mensch, insbesondere älteren Menschen bedeutet.

P5 sieht daher auch die grundsätzliche Bereitschaft andere zu respektieren als wesentlichen Erfolgsfaktor:

*"Was dort auch gut ankommt: **Wenn du einfach die Leute respektierst"** (P5).*

Es erscheint besonders wichtig, dass die arabischen Geschäftsleute das Gefühl haben respektiert zu werden, auch wenn man andere Maßstäbe verwendet.

P5 weiß wie man das auch richtig macht:

„Was ich z.B. regelmäßig mache, wenn ich in ein anderes Land fahre ist, dass ich mir einen guten Reiseführer besorge, [...] Ich schaue vorher, worauf die Leute Wert legen. Was macht man, was darf man nicht, was ist höflich, was ist unhöflich" (P5).

Ähnlich sieht P4 die Bereitschaft sich über den jeweiligen Kulturraum zu informieren als wesentlichen Erfolgsfaktor:

*„Ich glaube, **wenn man die andere Kultur kennt und respektiert**, dann wird die Arbeit nicht oder zumindest nicht negativ beeinflusst. Wenn man sie aber nicht respektiert, dann das wahrscheinlich zum **Projektscheitern** oder überhaupt zum Scheitern eines Auftrags führen"* (P4).

Auf internationaler Ebene ist daher Projektmanagement in erster Linie interkulturelle Kompetenz.

„Weniger, dass ich dort irgendwelche Projektmanagement-Werkzeuge eingeführt habe, [...], Erfolgsfaktoren wie gesagt einfach, zu versuchen, sich ein klein wenig in die andere Kultur hinein zu denken" (P5).

P3 bestätigt dies.

„Wenn man sich nur ein bisschen mit der Kultur beschäftigt, man muss jetzt nicht wissen, was genau da unten los ist und warum und wieso, aber wenn ich weiß, dass die Uhren da unten anders ticken, dann muss ich mich auf das einstellen und wenn ich das geschafft habe, dann sollte man fast keine Probleme haben" (P3).

Für P2 ist menschliches Verständnis die Basis des Erfolgs, weil es anders nicht funktionieren kann:

*„Die **kulturelle Sensibilität** [...] ein unsensibler Mensch kann nicht im arabischen Raum arbeiten"* (P2).

P1 sieht die Akzeptanz der anderen Kultur wie sie ist und nicht wie wir sie haben wollen, als wichtigen Erfolgsfaktor:

„Man muss auch natürlich offen sein, dass gewisse Entscheidungen halt dann und wann nur getroffen werden, wenn die Leute wieder aus dem Urlaub zurück sind oder wenn der Ramadan vorbei ist" (P1).

Fazit:

Am besten fasst P5 dies wie folgt zusammen:

„Ich denke mir immer ganz einfach, die Leute sollen - so sie niemand anderem weh tun - so leben wie sie sind" (P5).

Alles in allem sehen sämtliche Projektmanager interkulturelle Kompetenz als Grundvoraussetzung für ein erfolgreiches Arbeiten in der arabischen Region.

9.4.2 Kontakte/ Beziehungen

Kontakte und Beziehungen sind eine Grundvoraussetzung für erfolgreiches Arbeiten. Um Zugang zum jeweiligen Netzwerk zu finden, ist es daher erforderlich den richtigen Mittelsmann zu finden.

P4 hat ein deutliches Beispiel wie es funktioniert, sein arabischer Geschäftspartner ist hier sein Mittelsmann:

*„Er bringt die Kontakte – er hatte auch Kontakte, er hat wirklich **überall die Tür geöffnet**, [...] da hat er überall etwas vereinbart, wo wir vor durchaus hochrangigen Mitarbeitern der jeweiligen Firmen präsentieren konnten" (P4).*

Und dass man seine Kontakte pflegen muss, bestätigt P3:

„Normalerweise fliegt dann auch unser Geschäftsführer, der Herr XX persönlich hinunter und macht diese großen Verträge in diesem Raum noch persönlich" (P3).

> **Fazit:**
>
> Wie überall ist es auch im arabischen Raum wichtig, die richtigen Kontakte und Beziehungen, welche einem die „Türe" öffnen, zu finden. Diese Kontakte und Beziehungen gehören allerdings gepflegt, wobei ein Projektmanager diesbezüglich berücksichtigen sollte, dass im arabischen Raum die Grenzen zwischen dem Geschäftlichen und Privaten häufig verschwimmen.

9.4.3 Tipps

Im Rahmen des Interviews wurden die Projektmanager auch dahingehend befragt, welche Ratschläge bzw. Tipps sie für neue EU-Projektmanager hätten.

P5 sieht in der Anpassung den Schlüssel zum Erfolg. Dazu gehört für ihn auch die Erwartungshaltung hinsichtlich der pünktlichen Erbringung von Leistungen zu „dämpfen":

„Lege keinen großen Wert auf die Pünktlichkeit. Denke daran, dass du wo anders bist und dass du nicht zu Hause bist und manche Sachen anders laufen und sind als bei dir" (P5).

Und P5 beschreibt die positive Erfahrung, die ein Projektmanager auf persönlicher Ebene gewinnen kann und meint:

„Freu dich auf die Freundschaft. Freu dich auch die Offenheit, die die Leute dir dort entgegenbringen" (P5).

Auf die Frage, was ein Projektmanager in Saudi Arabien berücksichtigen soll, antwortet P4:

„Es sollte ein Mensch sein, der wirklich Respekt aufbringt und auch einmal nur zuhört und den anderen etwas sagen lässt. Wenn man das nicht kann, kommt man unten glaube ich nicht an, das ist ungeeignet, wenn jemand immer der Dominante sein muss. Aber ein

etwas älterer, gediegener Mitarbeiter muss es sein. Und leicht wird es nicht, jemanden zu finden" (P4).

In Bezug auf Marokko meint P3:

„Jemanden nach Marokko schicken: das Wichtigste ist, das ist aber generell so wenn man versucht, irgendwo anders zu arbeiten [...], dass man sich auf die Mentalität der Leute einstellen muss. Das – denke ich – ist das Schwierigste" (P3).

P2 rät weiblichen Projektmanagern:

*„Wenn man erstmals in die arabische Kultur kommt [...] hat man sehr viel Respekt vor der Abayaa, vor der Burka, vor der Dishdasha. Man muss über das hinweg sehen. Man darf sich von der Kleidung und diesen **Äußerlichkeit** nicht so schwer beeindrucken lassen. Das nimmt, glaube ich, wenn man weniger im arabischen Raum ist, sehr viel weg" (P2).*

P2 verrät uns wer hinter dem Schleier stecken kann:

„Lass dich von so etwas nicht irritieren oder stören, auch bei Männern nicht. Weil es sind Menschen dahinter. Und gerade wenn du die Möglichkeit hast, mit Frauen alleine zu sein und wenn sie dann ablegen und die schwarze Kleidung, dann wirst du die buntesten, schillerndsten, nettesten Frauen kennenlernen" (P2).

P1 rät ebenfalls zur Offenheit und verweist auf die Mischung zwischen Geschäftlichem und Privaten im arabischen Raum:

*„Es **passiert** sehr, sehr viel am **Abend**. Nicht am Tisch, sondern irgendwo im Zelt oder im Gasthaus oder bei einer Wasserpfeife. Es ist so, 100%ig. Die großen Geschichten haben wir in Restaurants entschieden, sicher nicht im Meetings Raum da drüben. Das ist viel zu offiziell. So läuft es leider. Und wenn ein Kollege da ein Problem hat, das ist für den Markt nicht der Richtige und vielleicht für einen anderen Markt ideal" (P1).*

Auch P6 betont die Notwendigkeit zur Offenheit:

*„Wenn man weiß worauf man sich **einzustellen** hat, ist man nicht so überrascht, dass Dinge anders sind. Dinge sind halt überall anders"* (P6).

P6 gibt auch einen spezifischen Tipp im Bereich des Projektmanagements:

„Was bei den Leuten, mit denen ich zusammengearbeitet habe gefehlt hat, war der Projektstrukturplan und der Abgleich damit, wie weit sollte ich sein und wie weit bin ich wirklich" (P6).

Im Mittelpunkt steht aber letztlich auch für P6 der Mensch und damit die interkulturelle Kompetenz, denn der Erfolg eines Projektes hängt nur von den Projektbeteiligten ab.

„Was in jedem Projekt eigentlich wichtig ist herauszufinden. Was sind die Stärken und Schwächen der Projektbeteiligten. Ich persönlich brauche eigentlich auch einen ganz guten Kontakt zu den einzelnen Leuten" (P6).

P6 zeigt daher auf inwieweit interkulturelle Kompetenz in der Praxis notwendig ist:

„Für mich ist dann Projektmanagement nicht nur ein Halten von Terminen sondern eigentlich auch ein bisschen Einer, der darauf schaut, dass das Projekt ein Erfolg wird.[...] ob es irgendetwas gibt, was jemand an Hilfe benötigt, damit er sein Ziel erreichen kann oder eben auch, ob jemand an einer Stelle im Projekt tätig ist" (P6).

Fazit:

Für Projektmanager steht die interkulturelle Kompetenz im Mittelpunkt. Der arabische Raum hat seine eigenen Besonderheiten und Projektmanager sollten sich auf derartige Besonderheiten einstellen.

9.4.4 Sonstige Erfolgsfaktoren

P4 reflektiert die Schwierigkeiten der kulturellen Unterschiede und die Notwendigkeit der sozialen Kompetenz:

„Es ist halt nicht leicht für eine österreichische Firma im arabischen Raum Fuß zu fassen" (P4).

Wenn man internationale Geschäfte machen möchte, muss man wissen, wie man mit kulturellen Unterschieden umgehen kann oder man lässt sich entsprechend beraten.

„Er macht das lieber mehr oder weniger nach eigenem Hausverstand im Bereich von diesen tatsächlich unterschiedlichen Kulturen ist das natürlich ... wäre es nicht schlecht vielleicht, sich noch im Detail beraten zu lassen" (P4).

P1 warnt davor, sich von Medienberichten beeinflussen zu lassen. Diese können zu Vorurteilen führen, die junge Projektmanager hindert, sich den Leuten der Region offen zu nähern:

*„Muss natürlich ein bisschen **offener** und vielleicht auch ein bisschen **flexibler** sein, [...] Natürlich darf man nicht in irgendeiner Art und Weise gedanklich gebremst sein durch Vorurteile, weil es im arabischen Raum ist, weil er Araber ist und wir Europäer oder so. Das würde nicht gut funktionieren" (P1).*

Die Übernahme einer Projektverantwortung sollte für P1 nicht ausschließlich auf das Karrierechancen oder berufliche Überlegungen reduziert werden:

*„Ein wichtiger Faktor ist, dass du natürlich irgendwie **neugierig** darauf sein musst, wie es in so einem Land ausschaut. Wenn das nicht der Fall ist, dann wirst du scheitern. Dann wirst du einmal hinfahren und nie wieder" (P1).*

P6 beschreibt, wie man am besten eine Gruppe führt und motiviert. Vorbildwirkung ist für ihn besonders wichtig, denn wenn sich der Projektmanager selbst die Hände schmutzig macht, können die anderen Mitarbeiter nicht herum stehen und zuschauen.

„Aber als die Leute gesehen haben, dass ich einen sehr großen Einsatz zeige, aber das Projekt voranbringe und Ergebnisse liefere und das innerhalb des sehr knappen

Zeitplanes, den sie ja dann auch gefordert haben, waren sie natürlich auch ein bisschen im Zugzwang" (P6).

Fazit:

Nicht jeder schafft es, auf der internationalen Ebene geschäftlich erfolgreich zu sein. Im arabischen Raum ist es nicht anders. Da man mit einer neuen Kultur konfrontiert wird, ist interkulturelle Kompetenz besonders wichtig. Erfahrene Berater können dabei helfen, Probleme bei Geschäften wegen wechselseitigen Missverständnissen zu beseitigen.

9.5 Planung von Projekten im arabischen Raum

Mit den befragten Projektmanagern wurden auch Themen bearbeitet, welche sich auf projektspezifische Fragen beziehen. Sie wurden daher befragt, worauf sie bei der Planung von Projekten im arabischen Raum besonders Acht gegeben haben. Die Fragen lauteten beispielsweise: „Was war bei der Planung von Projekten anders als in Österreich? Welche Themenbereiche wären besonders wichtig gewesen.

P3, P4, P5, und P6 haben diese Frage beantwortet.

Diese Interviewpartner meinen, dass man besonders auf die Zeit- und Budgetplanung achte und eher auf kurz- als langfristige Planung und auf die Wertigkeit und Prioritäten.

P5 achtet auf die Zeitplanung und Budgetplanung:

„Wenn du die Planung vergleichen würdest damit, wenn das in Österreich abgewickelt würde oder noch immer wird, muss man es natürlich anders aufziehen. Du brauchst in Österreich viel mehr Zeit dazu, [...] weil du eine viel größere Skepsis hast. [...] in der Zeitplanung kann man das sicherlich anders machen. In der Budgetplanung hat man auch andere Faktoren angesetzt" (P5).

P4 verweist darauf, dass in der arabischen Region andere Prioritäten gelten können:

„Eine andere Wertigkeit für gewisse Dinge herrscht als bei uns. Thema Umwelt-schutz, spielt dort unten keine Rolle derzeit noch. Irgendwann wird's das wohl geben müssen. Gewisse Benefits und gewisse Technologien die bei uns hier viel bedeuten sind unten nichts wert, weil sie einfach so nicht denken derzeit" (P4).*

Die Kostenplanung scheint für P3 besonders wichtig zu sein:

*„Da muss ich **großzügig rechnen** d.h. da wird es immer teurer sein. Es ist irrsinnig schwierig, einen Dumpingpreis für unten zu kalkulieren. Da musst du höhere Hotelkos-ten einrechnen, weil du dort, damit die Leute den europäischen Standard bekommen, sehr viel für das Hotel rechnen musst. [...] Es geht rein ... fast nur ums Finanzielle"* (P3).*

P6 achtet auf die Zeitplanung und hebt die Notwendigkeit eines entsprechenden Zeitpuffers für Projekte im arabischen Raum hervor:

„Der eine Reservetag ging am ersten Tag schon drauf" (P6).

P6 betont die Notwendigkeit der kurzfristigen Planung im arabischen Raum, ohne langfristige Planung von vornherein auszuschließen:

„Man muss selber ein bisschen kontrollieren, dass die langfristige Planung erreichbar ist" (P6).

Fazit:

Die goldene Mitte bei der Zeit- und Budgetplanung scheint für die befragten Projekt-manager besonders schwer realisierbar gewesen zu sein. Man plant sehr großzügiger, was aber dazu führen kann, dass die Leistung von europäischen Firmen erheblich teurer wird und länger dauert als jene der Konkurrenz.

9.6 Frauen im Business

Als einzige weibliche Interviewpartnerin hat P2 interessante Aspekte aufgeworfen. Frauen werden ihrer Ansicht nach noch mehr gefordert und müssen sich durch größeres fachliches Wissen beweisen als dies bei Männern der Fall ist:

*„Und ich glaube auch, die Rolle der Frau ist auch von Land zu Land unterschiedlich. Und dann gibt's natürlich das dritte Geschlecht: Die „**Frau im Business**". So wird es halt gesagt und wahrscheinlich wird man als Frau nicht so akzeptiert wie ein Mann. Man muss, glaube ich, manchmal durch sein Wissen noch mehr seinen Mann beweisen, als ein Mann selber" (P2).*

„Also als Frau muss man schon sehr viel Lesen am Abend, damit man die Antworten am nächsten Tag parat hat. Männer arbeiten schon sehr viel, aber Frauen noch mehr" (P2).

Fazit:

Obwohl Frauen auch im arabischen Raum immer mehr in Erscheinung treten, ist es für die Frauen nach wie vor nicht leicht in die von Männern dominierte Geschäftswelt einzudringen.

---

10 Diskussion der Ergebnisse

10.1 Vor der Einreise

Hinsichtlich ihres persönlichen Erfahrungshorizontes können die befragten Projektmanager in zwei Gruppen eingeteilt werden:

Die erste Gruppe umfasst jene Personen, die das erste Mal in den arabischen Raum mussten bzw. von ihrem ersten Einsatz im arabischen Raum berichtet haben.

Die Bilder und Vorstellungen über dem arabischen Raum dieser Gruppe sind primär medial vermittelt. Einige dieser Bilder haben sich als falsch herausgestellt und die damit verbundenen Ängste als unbegründet erwiesen.

Die zweite Gruppe besteht aus Projektmanager, die Hintergrundinformationen über den arabischen Raum hatten, insbesondere weil diese die arabische Kultur durch Verwandte vermittelt bekommen haben.

Die Bilder dieser Gruppe waren neutraler und offener als die Bilder der ersten Gruppe.

10.2 Im Ausland

Die Gastfreundlichkeit und Herzlichkeit im arabischen Raum wurde vom sämtlichen befragten Projektmanager als besonders positive Wahrnehmung aufgenommen.

Beziehungen, die dort geknüpft wurden, werden als ehrlich empfunden und sind automatisch entstanden und nicht künstlich geschaffen. Diese Beziehungen sind allerdings nicht rasch entstanden, sondern es hat eine Weile gedauert. In der Regel erscheinen diese Beziehungen allerdings langfristiger und nicht oberflächlich, bloß auf das geschäftliche reduziert. Beachtenswert ist, dass in der arabischen Welt weniger zwischen Geschäftlich und Privat getrennt wird und die entstandenen Beziehungen in der Regel beide Ebenen umfasst haben.

Die englische Sprache ist im arabischen Raum verbreitet, womit sie in den meisten arabischen Ländern als internationale Handelssprache verwendet wird. Trotzdem ist Englisch auch im geschäftlichen Handeln nicht immer eine Selbstverständlichkeit. Insbesondere in den Al-Maghreb Staaten (siehe Theoretischer Teil - Merkmale des arabischen Raums) ist Französisch nach wie vor verbreiteter als Englisch. Die Projektmanager haben daher überwiegend davor gewarnt, sich ausschließlich auf das Englische zu verlassen.

Bürokratie wurde als besonders problematisch empfunden. Die meisten negativen Erlebnisse der Projektmanager betreffen besonders das Verhalten der Behörden beim Zoll, der Einreise, insbesondere der Visa-Prozedur bzw. der Interpretation der Aufenthaltsgesetze.

Für zwei Projektmanager war die hierarchische Struktur, insbesondere in den Golfstaaten, ein großes Problem. In einem Fall wurde diese auch als Grund für das Scheitern eines Projektes angegeben.

Einige Projektmanager haben in diesem Zusammenhang auch von Hierarchie, die sich durch die Nationalität ergibt, berichtet und diese Diskriminierung als besonders negativ wahrgenommen.

Auch das arabische Zeitempfinden wurde mitunter als Problem gesehen. Projektmanager sollten sich demnach besonders mit Unpünktlichkeit auseinander setzten.

Uneinig waren sich die Projektmanager in Bezug auf den in der arabischen Kultur stark ausgeprägten Fatalismus. Ein Grund für die unterschiedliche Wahrnehmung dieser Eigenschaft könnte darin liegen, dass der Fatalismus in Europa missverstanden wird und als Ursache für Ineffizienz gesehen wird.

Dementsprechend wurde Fatalismus manchmal auch als positive Eigenschaft gesehen. Die Ruhe, die man im arabischen Raum manchmal bewahrt, wenn es Krisen gibt, wurde als Ursache für ein angenehmeres, stressfreies Arbeitsklima gesehen.

Arabischer Fatalismus und europäische Effizienz können als Gegensätze gesehen werden, die miteinander in Einklang gebracht werden sollten: Es muss beispielsweise alles gut geplant werden (europäische Effizienz) und auch der Terminplan ist einzuhalten. Wenn ein Einzeltermin nicht eingehalten werden kann, dann ist das keine Katastrophe, denn es gibt Dinge, auf die man keinen Einfluss hat (arabischer Fatalismus), was entsprechend berücksichtigt werden sollte und eine alternativen Lösung gefunden werden.

Alle diese Gegensätze und Schwierigkeiten im arabischen Raum scheinen allerdings die Projektmanager motiviert und dazu veranlasst zu haben nicht aufzugeben.

Überwiegend gaben Projektmanager daher auch Ratschläge und Tipps, welche sich auf interkulturelle Kompetenz beziehen.

10.3 Die Meinung danach

Fünf der Projektmanager haben gesagt, dass sie sich über ihre Projekte im arabischen Raum gefreut haben. Einige haben sich gewünscht, länger dort bleiben zu können, andere warten gespannt auf ihren nächsten Einsatz in dieser Region.

Alle sechs Projektmanager haben ihre Tätigkeit im arabischen Raum als große Erfahrung gesehen, wobei einige diese im Nachhinein nicht missen wollten.

11 Zusammenfassung, Schlussfolgerung und Empfehlungen

Das Ziel dieser Untersuchung war es herauszufinden, mit welchen Herausforderungen Projektmanager im arabischen Raum konfrontiert werden. Von diesem Hintergrund wurde versucht zu verstehen, mit welchen Problemen sich Projektmanager in dieser Region auseinandersetzen müssen.

Der erste Teil dieser Untersuchung gibt eine kurze Einführung in den arabischen Raum, der Bevölkerung, Sprache und Religion. Ein kurzer Überblick über die wesentlichen Merkmale von Projekten und Projektmanagement soll darlegen, welches Verständnis von Projektmanagement dieser Arbeit zugrunde liegt. Des Weiteren wird in diesem Buch auf den Begriff Kultur, Kulturunterschiede als auch interkulturelle Kompetenz ausführlich eingegangen. Insbesondere die Auseinandersetzung mit interkultureller Kompetenz wird als Herzstück des theoretischen Teiles gesehen. Dementsprechend werden, neben interkultureller Kommunikation, kultureller Anpassung, Kulturstandards, auch die Kulturdimensionen von Hofstede und Trompenaars erläutert. Abschließend werden Kulturunterschiede, die für das Projektmanagement in dieser Region wesentlich sind, ausführlich dargestellt. Dabei wird vor allem auf Themen wie Pünktlichkeit, Verbindlichkeit, Hierarchie und Führungsstile eingegangen.

Im zweiten Teil dieser Untersuchung wird die bei der Auswertung von Interviews angewendete Methode beschrieben, wobei die qualitative Forschungsmethode im Mittelpunkt der Untersuchung steht. Begriffe wie Leitfaden und Experteninterviews werden definiert. Weiters werden die Interviewpartner präsentiert, die Auswahl der Gesprächspartner begründet und die die strukturierte Inhaltsanalyse beschrieben.

Anschließend wird im dritten Teil die empirische Untersuchung behandelt, wobei die Zitate der befragten Personen sechs Hauptkategorien mit Unterkategorien zugeordnet werden.

Im Rahmen der empirische Studie wurde hinterfragt, welche Bilder bzw. Vorstellungen bei den befragten Personen vom arabischen Raum vorherrschten, bevor sie in dieses Land besucht haben. Dabei wurde von den Projektmanagern auf Sicherheitsbedenken verwiesen, die teilweise durch die in den Medien vermittelte Sicht der arabischen Region forciert wurden. Dabei ist für den Interviewer der Eindruck entstanden, dass derartige Ängste, infolge der persönlichen Erfahrung, relativiert wurden. Wenngleich die Gefahr von terroristischen Anschlägen ebenso wenig wie die mit dem „arabischen Frühling" einhergehende Gefahr politischer Instabilität ausgeschlossen werden kann, hängt die tatsächliche Gefährdung sowohl von der jeweiligen Zielregion als auch von dem Umfeld, in welchem der Projektmanager tätig ist, ab. So mag etwa ein Projektmanager im Öl und Gasgeschäft, aufgrund seiner Tätigkeit in ländlichen Regionen instabiler Länder, weit mehr mit möglichen Sicherheitsgefahren konfrontiert sein als ein IT Manager in Dubai.

Die Interviewten berichteten von der Gastfreundschaft der Araber. Vor allem die dort vorherrschende Herzlichkeit kann Projektmanager bei ihrem Einstieg in die arabische Kultur unterstützen. Wichtig dabei ist aber auch die Bereitschaft der Betroffenen sich auf diese Gastfreundschaft einzulassen.

Hierarchie und autokratischer Führungsstil wurden als negativ empfunden. Damit bestätigen die befragten Personen, die bereits in der Literatur und im theoretischen Teil angesprochene Ansichten. Dies schließt aber einen offenen Umgang mit Mitarbeitern nicht aus. So wurden etwa Mitarbeiter von einem Projektmanager in Ägypten kollegialer behandelt als jene seiner ägyptischen Geschäftspartner. Der entsprechende Projektmanager hat dabei seine Mitarbeiter als motiviert und kreativ empfunden und keine Geringschätzung erfahren. Von einer weiteren Projektmanagerin wurde ein Beispiel beschrieben, wonach die arabischen Geschäftspartner ihre Kritik über die Ungleichbehandlung ihrer arabischen Kollegen, welche aufgrund der lokalen Gepflogenheiten eine längere Arbeitswoche als sie selbst hatten, berücksichtigt haben und die Arbeitswoche ihrer arabischen Kollegen an die kürzere Arbeitswoche der Projektmanagerin angepasst haben. Dementsprechend dürfte ein Führungsstil, der sich von dem im arabischen Raum scheinbar üblichen „Top-Down Prinzip" unterscheidet, nicht als Führungsschwäche verstanden werden. Es wird daher bezweifelt, dass ein autoritärer Führungsstil von den Untergebenen erwartet wird. Die globale Kommunikation und Social Media dürften auch die arabische Gesellschaft beeinflussen. Dementsprechend wäre es interessant, ob eine neuerliche Untersuchung der von Hofstede vor 30 Jahren hinterfragten Machtinstanz heute zu abweichenden Ergebnissen führen würden.

Die im theoretischen Teil dargestellten Unterschiede hinsichtlich Pünktlichkeit, Geschäftsbeziehungen und der besonderen Bedeutung von interkultureller Kompetenz wurden von den befragten Personen bestätigt.

Die Unpünktlichkeit in der arabischen Gesellschaft war für die Projektmanager eine negative Erfahrung. Anders als im theoretischen Teil angesprochen schienen die interviewten Personen mit diesem „Problem" jedoch zu Recht gekommen zu sein.

Übereinstimmend wurde die in der Literatur angesprochene Vermischung zwischen privaten und geschäftlichen Beziehungen bestätigt.

Nachstehende Aussage eines interviewten Projektmanagers betont die Wichtigkeit interkultureller Kompetenz

„Ein unsensibler Mensch kann nicht im arabischen Raum arbeiten" (P2).

Die empirische Untersuchung hat auch gezeigt, dass Fatalismus häufig missverstanden wird. Dies könne daran liegen, dass die Europäer das Schicksal anders wahrnehmen als die Araber. Es könnte aber auch damit zu tun haben, dass der arabische Ausdruck „in sha allah – So Gott es will" mit dem österreichischen „schauen wir mal" gleichzusetzen ist.

Vorliegende Untersuchung hat aufgezeigt, dass mit entsprechender interkultureller Kompetenz Projektmanagement im arabischen Raum für europäische Projektmanager durchaus durchführbar ist. Die von den Medien transportierten schlechten Nachrichten können aber abschreckend wirken. Mit entsprechender Offenheit und Interesse können Personen bei einer Tätigkeit in der arabischen Region persönlich, also vor allem auf der menschlichen Ebene, profitieren. Dabei sollten sich angehende europäische Projektmanager folgend zusammengefasste Empfehlungen zu Herzen nehmen.

12 Die 10 Gebote für Projektmanager im arabischen Raum:

1. Zeige Respekt gegenüber anderen Menschen.

2. Lege keinen großen Wert auf Pünktlichkeit und siehe Unpünktlichkeit nicht als Problem, sondern als gewisse Lockerheit.

3. Freu Dich auf die Freundschaft, auch auf die Offenheit, die die Leute dir dort entgegenbringen.

4. Bedenke, dass das Alter eine wichtige Rolle im arabischen Raum spielt und nimm daher in deinem Umgang mit Projektmitarbeitern darauf Rücksicht.

5. Stelle Dich auf die unterschiedliche Mentalität der Leute ein, indem Du Dich mit der Kultur beschäftigst.

6. Lass Dich nicht von Schleier, Abayaa oder Burka irritieren, sondern erkenne den Menschen, der dahinter steckt.

7. Akzeptiere die Vermischung des geschäftlichen und privaten Lebens. Sei Dir bewusst, dass wichtige Entscheidungen außerhalb der normalen Bürozeit getroffen werden.

8. Beweise interkulturelle Kompetenz, indem Du akzeptierst, dass die Leute so sind wie sie sind.

9. Plane in kleinen Schritten, ohne dabei die Langzeitplanung außer Acht zu lassen.

10. Beachte, dass Dein Gegenüber sein Gesicht wahren muss und berücksichtige dies bei Verhandlungen, Kritik und Verbesserungsvorschlägen.

13 Literaturverzeichnis

Bartels, G. (2011), Relative Kulturstandards zwischen Österreich und Syrien, (Diplomarbeit), WU-Wien.

Büyükçelebi, I. (2005). Leben im Lichte des Islam (2 Aufl.). Mörfelden-Walldorf: Fontäne-Verl.

Dragman k. & Friedemann S. von Thun (2011). Interkulturelle Kommunikation: Methoden, Modelle, Beispiele, (5 Auflage), CPI – Clausen & Bosse, Leck

Dülfer, E. (1995), internationales management in unterschiedlichen kulturbereichen, zitiert in Rothlauf, J. (2006)

Edward, B. T. (1871). Primitive Culture. London

Jammal, E. & Schwegler, U. (2007). Interkulturelle Kompetenz im Umgang mit arabischen Geschäftspartnern, Bielefeld : Transcript-Verl.

Gläser, J. & Laudel, G. (2010), Experteninterviews und qualitative Inhaltsanalyse (4 Auflage), VS Verlag

Harzing, A.W.K. (1995), The persistent myth of high expatriate failure rates, zitiert in Hofstede, G. (2011, S. 423).

Hecht-Elminshawi B. & Bodrogi, K. (2004) . Muslime in Beruf und Alltag verstehen. Weinheim; Basel : Beltz Verlag

Hecht-Elminshawi B. (2007). Wirtschaftswunder in der Wüste, - Heidelberg : Redline Wirtschaf

Hermann R. (2011). Die Golfstaaten: wohin geht das neue Arabien?, München: Dt. Taschenbuch-Verl.

Herbrand, F. (2002). Fit für fremde Kulturen. Bern ; Wien u.a. : Haupt

Heringer, H. J. (2010). Interkulturelle Kommunikation (3 Auflage). Tübingen; Basel: Francke

Hofstede, G. (2011). Lokales Denken, globales Handeln (5. Aufl.). München: dtv

Huntington, S. P. (1996). Der Kampf der Kulturen. München. Wien: Europaverlag

Kratochwil, G. (2007) . Business-Knigge: Arabische Welt. Erfolgreich kommunizieren mit arabischen Geschäftspartnern. Zürich: Orell Füssli Verlag AG

Keller, E. (1982). Management in fremden Kulturen. Ziele, Ergebnisse und methodische Probleme der kulturvergleichenden Managementforschung, zitiert in Rothlauf J. (2006)

Kerzner, H. (2008). Projektmanagement, Ein systemorientierter Ansatz zur Planung und Steuerung (2. Deutsche Auflage). Heidelberg: Mitp-Verlag

Kutschker, M. & Schmid S. (2005). Internationales Management (4 Aufl.). München; Wien: Oldenbourg

Macharzina, K., Internationalisierung und Organisation. in Zeitschrift für Organisation und Führung (1992), zitiert in Rothlauf, J. (2006)

Markowsky, R. & Thomas, A. (1995): Studienhalber in Deutschland. Interkulturelles

Orientierungstraining für amerikanische Studenten, Schüler und Praktikanten, zitiert in Heringer, H. J. (2010, S. 182)

Mauritz, H. (1996). Interkulturelle Geschäftsbeziehungen, Wiesbaden : Dt. Univ.-Verl.

Meckl, R. (2006). Internationales Management, München: Vahlen

Moosmüller, A. (1996, S. 282), interkulturelle Kompetenz und interkulturelle kenntnis- se, zitiert in Müller, S. & Gelbrich, K. (2004, S. 791)

Munir, D. A. (1990). Der Islam III. Stuttgart; Berlin; Köln : Kohlhammer.

Müller, S. & Gelbrich K. (2004). Interkulturelles Marketing. München: Vahlen

Ortlieb, S. (2006). Business-Knigge für den Orient. Nürnberg: BW, Bildung und Wissen, Verl.

Rattay, G. & Patzak G. (2008). Projektmanagement, Leitfaden zum Management von Projekten, Projektportfolios und projektorientierten Unternehmen (5 Auflage). Wien: Linde Verlag

Reimer-Conrads, A. & Thomas A. (2009). Beruflich in den arabischen Golfstaaten. Göttingen : Vandenhoeck & Ruprecht

Sprenger, R. K. (2007). Das Prinzip Selbstverantwortung, Campus Verlag, Frankfurt/Main

Rothlauf, J. (2006) . Interkulturelles Management : mit Beispielen aus Vietnam, China, Japan, Russland und den Golfstaaten (2. Aufl.). München ; Wien : Oldenbourg

Stähle, H. W. (1991). Management, Eine verhaltenswissenschaftliche Perspektive, zitiert in Amanda Dominique Dunkel, Handlungswirksamkeit von Kulturstandards (2001). Dissertration, Wirtschaftsuniversität Wien

Trompenaars, F. & Woolliams, P. (2004). Business weltweit : der Weg zum interkulturellen Management. Hamburg: Murmann

Tung, R. L. (1982), Selection and training procedures of U.S., zitiert in Hofstede, G. (2011, S. 422)

Ulitsch, M. (2007). Kulturunterschiede und interkulturelle Kompetenz in grenzüberschreitenden virtuellen Arbeitsteams. (Diplomarbeit), TU-Wien

Zepke, G. (2011), Einführung in die Qualitative Forschung

Internetquellen

http://www.ez.bremen.de/sixcms/media.php/13/2_Kultur%20und%20Kulturdimensio.pdf

www.world-experts.de , 02.10.2008

http://www.kompetenzschaffterfolge.de/images/Erfolgsfaktoren_Projektmanagement.pdf

http://www.projektmagazin.de/glossarterm/erfolgsfaktoren

http://roberthabelsberger.wordpress.com/2011/05/05/kritische-erfolgsfaktoren-im-projektmanagement/ (Mai 5, 2011 von roberthabelsberger)

http://www.bpb.de/internationales/afrika/arabischer-fruehling

Quran:

http://www.altafsir.com/ViewTranslations.asp?Display=yes&SoraNo=18&Ayah=23&toAyah=23&Language=4&LanguageID=1&TranslationBook=

http://www.altafsir.com/ViewTranslations.asp?Display=yes&SoraNo=18&Ayah=24&toAyah=24&Language=4&LanguageID=1&TranslationBook=

http://www.islamweb.net/grn/index.php?page=articles&id=158093

http://www.izwien.at/der-islam/was-ist-islam/

http://www.arableagueonline.org/wps/portal/las_en/home_pag

http://iefpedia.com/arab/?p=15987

http://www.lexiophiles.com/category/arab

http://geert-hofstede.com/arab-world-egiqkwlblysa.html

http://www.mycore.de/filecollection/Diplomarbeit_Karmoun_Abdessamad.pdf

http://wegzumislam.com/arabische-aussprache-lernen

http://www.provenmodels.com/580/seven-dimensions-of-culture/charles-hampden-turner--fons-trompenaars/

http://lehrerfortbildung-bw.de/bs/bsa/bgym/lehrgang/interkulturell/

http://www.transkulturelles-portal.com/

http://www.worldbusinessculture.com/

http://www.opec.org/opec_web/static_files_project/media/downloads/publications/ASB2010_2011.pdf